相城区人大常委会主任屈玲妮等参加"冯梦龙文学与大运河研讨会"

著名民间文艺学家马汉民先生在"冯梦龙文学与大运河研讨会"上发言

苏州大学文学院马亚中教授主持"冯梦龙文学与大运河研讨会"

苏州大学文学院曹炜院长为论文获奖者颁奖

莫言书屋启扉仪式

苏州大学教授、苏州市文联主席王尧在莫言书屋启扉仪式上讲话

冯梦龙故居

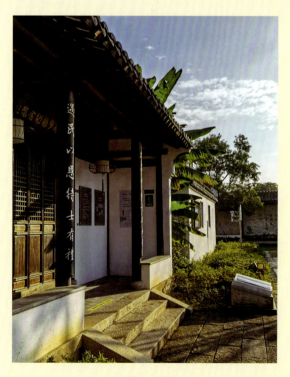

冯梦龙纪念馆

冯梦龙研究 2022

王尧 顾建宏 主编

苏州大学出版社
Soochow University Press

图书在版编目(CIP)数据

冯梦龙研究.2022／王尧，顾建宏主编.—苏州：苏州大学出版社，2022.12
ISBN 978-7-5672-4056-8

Ⅰ.①冯… Ⅱ.①王…②顾… Ⅲ.①冯梦龙(1574-1646)-人物研究②冯梦龙(1574-1646)-文学研究 Ⅳ.①K825.6②I206.2

中国版本图书馆CIP数据核字(2022)第204687号

书　　名：	冯梦龙研究(2022)
	FENGMENGLONG YANJIU(2022)
主　　编：	王　尧　顾建宏
责任编辑：	史创新
出版发行：	苏州大学出版社(Soochow University Press)
社　　址：	苏州市十梓街1号　邮编：215006
印　　装：	苏州工业园区美柯乐制版印务有限责任公司
网　　址：	www.sudapress.com
邮　　箱：	sdcbs@suda.edu.cn
邮购热线：	0512-67480030
销售热线：	0512-67481020
开　　本：	700 mm×1 000 mm　1/16　印张：12.25　插页：2　字数：182千
版　　次：	2022年12月第1版
印　　次：	2022年12月第1次印刷
书　　号：	ISBN 978-7-5672-4056-8
定　　价：	36.00元

凡购本社图书发现印装错误，请与本社联系调换。服务热线：0512-67481020

《冯梦龙研究》编委会

顾　　　问　屈玲妮
主　　　编　王　尧　顾建宏
副　主　编　夏赵云
执 行 主 编　马亚中　徐国源
编委会成员（按姓氏笔画排序）
　　　　　　王　彬　王少辉　许铭华
　　　　　　沈亮亮　尚向科　周晓兰
　　　　　　周倩燕　高　宇　龚丽莉
　　　　　　董明明　程　钢

目 录

冯梦龙文学与大运河研讨会论文专辑

试说冯梦龙作品中的大运河和漕运　　马亚中　/ 003

解读冯梦龙大运河文学，传承冯梦龙
　　大运河文化　　陈来生　/ 033

"三言"的运河元素与江南风情　　柯继承　/ 049

从白蛇传故事探究明清江南大运河
　　两岸城镇的社会生活　　王珏　/ 060

"三言二拍"运河文化探析　　李想　/ 074

千年运河大，"三言"传奇多
　　——冯梦龙运河小说的人文地理解读
　　　　李志红　/ 085

处处笙歌入醉乡
　　——从"三言"看明代中后期大运河音乐文化
　　　　王小龙　/ 095

冯梦龙作品与运河文化、市民文化特质的表达
　　　　卢彩娱　/ 107

冯学研究

冯梦龙在日本近代文学史上的影响　李杰玲　/ 119

文本今读

冯梦龙治寿"三无"理念及其实践　郑万江　/ 139

论冯梦龙"适俗"文学理念　　王安溶　/ 150

论冯梦龙采编山歌与尚"真"文学审美观
　　　　孙晓晴　/ 163

传承创新

借鉴冯梦龙经验　高质量推进苏州乡村振兴

陈来生　卜福民　／175

挖掘梦龙作品内涵　做靓江南运河文化

戴庭忠　／181

编后记　／187

论文专辑

冯梦龙文学与大运河研讨会

试说冯梦龙作品中的大运河和漕运

马亚中

摘　要：本文采用文史互证的方法，对冯梦龙作品中的河漕内容进行了诠述，阐发了冯梦龙对于河漕治理的认识，展现了冯梦龙作品中的河漕世相以及河漕经济的诸多侧面，反映出大运河这一伟大工程对于中国社会的深刻影响。

关键词：冯梦龙　大运河　漕运　世相　经济

苏州是江南水乡，水网密布，曾经是落后的泽国。水既能造成洪涝之灾，毁灭生命财富，又能滋养农作物，便利交通，造福百姓。自隋代贯通大运河以来，苏州的水利资源就开始得到前所未有的开发利用，依赖于水利之宜的稻作和蚕桑农业得到了空前的发展。稻作比北方的旱作植物有更高、更稳定的产量，是解决吃饭问题的重要保障，而蚕桑和之后的棉花种植不仅能保障穿衣之需，还能产生巨大的经济价值。苏州就是因为是全国稻米和桑棉的主要生产基地而成为国家的财富渊薮的。

大运河最主要的功能就是把江南的粮食和布帛输送到帝国的心脏，滋养整个国家机器，维持统治的稳定。与此同时，大运河的巨大交通之利，也是推动、促进经济贸易的重要力量，大运河沿岸的许多重要交通节点都迅速发展繁荣起来，成为著名的城市和乡镇，而苏州就是大运河畔的一颗璀璨明珠。苏州在唐代得益于大运河的贯通而迅速崛起，成为江南第一雄州。公元825年（唐敬宗宝历元年）白居易任职苏州刺史，其时唐帝国经过"安史之乱"，已经由盛而衰，北方时有兵叛战乱，而在诗人的笔下，苏州依然繁荣安定。其《登阊门闲望》诗云："阊门四望郁苍苍，始觉州雄土俗强。十万夫家供课税，五千子弟守封疆。"① 另一首《齐云楼晚望，偶题十韵，兼呈冯侍御、周殷二协律》又云："人稠过扬府，坊闹半长安。"② 而他在《苏州刺史谢上表》更直白："当今国用，多出江南；江南诸州，苏最为大。兵数不少，税额至多。"③ 另据唐末陆广微《吴地记》记载，当时苏州两税及茶盐酒等钱 692885 贯，居江南诸州前列。甚至到了晚唐，唐王朝行将就木，但在杜荀鹤的《送人游吴》诗里依然是："君到姑苏见，人家尽枕河。古宫闲地少，水港小桥多。夜市卖菱藕，春船载绮罗。"④ 一船船丝绸商品仍然沿着运河运销各地。苏州自从在唐代成为雄州以后，在其后的年代基本上一直走着上升曲线，到了明清时期，更发展成为全国的经济文化中心城市。由此可见大运河对于苏州的发展影响极大。

而话本小说这一文学体裁的形成也与大运河有着莫大关系。漕运交通需要大量人力，当船只靠岸停泊时，码头就会热闹起来，船工运夫，牙贩走卒，各色人等聚集成市，于是就有一种叫作"河市乐"⑤ 的伎艺表演脱颖而出。在"河市乐"表演中，既有"说话人"，也有"说诨话"之类的表演，在之后形成的勾栏瓦舍中就完善成了"说话"艺术，而话本小说也就得以产生。

晚明的冯梦龙成长于运河之乡，是由运河水滋养培育起来的一代文学大家。大运河文化不仅使他形成了平民通俗文学的审美取向，而且构成了他作品的重要背景和自然人文生态。本文将通过冯梦龙作品所传递的运河信息来解读和认识大运河的种种面相。

一、冯梦龙对于运河治理的认识

从辩证法的角度看，任何事物都是有正反两面的，事实上，大

---

① 〔唐〕白居易著，丁如明、聂世美校点《白居易全集》，上海：上海古籍出版社，1999 年，第 360 页。
② 同上书，第 503 页。
③ 同上书，第 942 页。
④ 陈伯海主编《唐诗汇评（增订本）》，上海：上海古籍出版社，2015 年，第 4410 页。
⑤ 〔宋〕王曾《王文正公笔录》："宋城南抵汴渠五里，有东西二桥，舟车交会，民居繁夥，倡优杂户，厥类亦众。然率多鄙俚，为高之伶人所轻消。每宴饮乐作，必效其朴野之态，以为戏玩，谓之河市乐。"（见朱易安等主编《全宋笔记》第一编三，郑州：大象出版社，2003 年，第 269 页。）

运河也是利弊共存的，高明的管理者就是要能做到审时度势，兴利除弊。中国的地理态势基本上是地倾东南，而北方黄河流经黄土高原，挟带大量泥沙，在东流入海的过程中不断抬高河床，在途经河南后形成地上河，经常造成溃堤洪灾。黄河还多次与淮水冲突，夺淮入海，给黄淮地区造成了巨大灾难。而大运河则是南北走向，由北而南贯通海河、黄河、淮河、长江、钱塘江五大水系，由于中国地势是北高南低，北方又是干旱缺水，所以由淮而北的运河经常会干涸淤塞，造成断航。为了保证通航，就必须保证运河有足够的水资源，为了保证漕运，就经常挤占黄淮区的农田用水，这些都是治理河、漕的官员最难解决的问题。明朝自永乐迁都北京后，为了实现南粮北运，大运河成为国家之命脉。明代大运河，从通州至天津一段利用潮白河道，又称白漕；从天津至临清利用卫河，又称卫漕；临清至济宁以南，为元代开凿的会通河，有闸漕之称；徐州至淮安为原泗水运道，后为黄河所夺，故有河漕之称；从淮安至扬州，多为湖泊运道，故称湖漕；而长江以南运道通称浙漕。其中，白漕、卫漕利用天然河道，问题较少，浙漕地处江南，河网密布，运道畅达，亦费工无多。唯闸漕、河漕与湖漕三段，所处为黄泛之区，由黄河泛滥所造成的影响和带来的问题也最大最多，是明代治理改造的重点所在。明代前期，主持淮扬运河治理的主要代表人物是时任漕运总督的陈瑄。冯梦龙《智囊·明智部经务》"虞集"条引樊升之语曰：

> 贾生之治安，晁错之兵事，江统之徙戎，是万世之至画也。李邺侯之屯田，虞伯生之垦墅，平江伯之漕运（平江伯陈瑄，合肥人。永乐初，董北京海漕，筑淮阳海堤八百里。寻罢海运，浚会通河通南北饷道，疏清江浦以避淮险。设仪真、瓜州坝港；凿徐州吕梁浜；筑汋阳南旺湖堤；开白塔河，河通江；筑高邮湖堤，自淮至临清，建闸四十七。建淮徐临通仓，以便转输，置舍卒导舟，设井树以便行者），是一代之至画也。李允则之筑囤起浮屠（事见术智部），范文正、富郑公之救荒，是一时之

至画也。画极其至，则人情允协，法成若天造，令出如流水矣。①

称誉李泌之屯田，虞集之垦墅，陈瑄之漕运为"一代之至画（划）"。其中按语是对陈瑄治理河漕功绩的简述。陈瑄主要做了三件大事：首先着力解决的是运河与淮河的交汇问题。在此以前，江南运河到淮安后，不能直接过淮，需要逆水西行60里至清河口过淮，留下了诸多隐患。陈瑄经过细致的调查研究，了解到自管家湖至淮河鸭陈口仅20里，值清河口，可开河引湖水入淮通漕。永乐十三年（1415），陈瑄亲率军民循宋代乔维岳所开故道，凿清江浦，由管家湖导水至鸭陈口入淮，并依次建造了新庄、福兴、清江、移风四闸，从此粮船至淮安便免除了过坝渡河之苦。其次是解决长江与运河交汇处留下的问题。原来由江南来的漕船须由陆路过瓜洲坝才能入运河。宣德六年（1431），陈瑄开泰州白塔河，次年于白塔河设置新开、潘家庄、大桥、江口四闸，这样从江南过江的粮船可入白塔河到湾头入运河，避免了瓜洲运口盘坝的劳费。最后是治理淮扬运河。淮扬运河以西运道以往多借湖面作航道，虽然洪武年间曾沿湖筑堤维护运道，但效果不彰。永乐时，陈瑄在原来基础上又大筑高邮、宝应、氾光及白马诸湖长堤，并在堤上做纤道，使运道与湖水分开，以避风浪之险。堤中皆留涵洞，可与湖水互相灌注调节水源，运道条件因此大为改善。由此可以了解到古代先贤治理河漕的智慧和经验，只有把运河的基础建设搞好了，最大限度地改善了交通条件，才可能享受到运输便捷之利，才能形成经济流通、商贸繁荣的局面。大运河贯通以后，历朝都通过漕运征收大量财税，虽然可以经此充实国库，但也给人民带来了沉重负担。如何合理征税、惩治腐败、减轻百姓负担成为衡量政策是否成功和官员是否大有作为的根本。

冯梦龙在《智囊》一书中表彰了多位清官的德政。其中最早的

---

① 魏同贤主编《冯梦龙全集·智囊》，南京：凤凰出版社，2007年，第208页。本文以下所引《智囊》皆据此版本，不再具体标注，只标注页码。

一位是唐朝的刘晏（事见"明智部经务"）。刘晏曾经担任唐代宗李豫的转运使，为了合理确定商品价格，他高价招募擅长跑步的人，到各地去查询物价，互相传递报告，虽是远方的讯息，不过几天就可以传到，因此食品及百货价格的高低，都掌握在他的手中。刘晏低价买进，高价售出，不仅国家获利，而且远近各地的物价也因此控制得很平稳。在税赋方面，正常的年头合理地缴纳，饥荒时则加以减免或用国家的财力来济助。刘晏在各道分别设置知院官，每十天或一月详细报告各州县天候及收成的情形。歉收如果有正当的理由，则会计官在催收赋税时，主动下令哪一类谷物可以免税，哪一些人可向政府借贷，能做到各地的百姓尚未因歉收而受困，各种救灾的措施已报准朝廷施行了。在冯梦龙看来，发生灾害的地区，所短缺的其实只是粮食而已，其他的产品往往可维持正常的供应，若能低价将这些产品卖出去，交换其他的货品，或者借政府的力量转运到丰收的地方，或者由官府自用，国家的生计就不会匮乏。或由国家卖出囤积的谷物，分交运粮的单位，转运到各个缺粮的地区，使无力到市集购买的贫困农民能经由政府的辗转传送而免除饥荒。

当时运送关东的谷物进入长安城，因为河水湍急，大抵十斗能运到八斗就算成功，负责的官员也就可得到优厚的赏赐。刘晏以长江、汴水、黄河、渭水等水力各不相同，于是因着不同的河流制造不同的运输船只，长江的船运到扬州，汴水的船运到河阴，黄河的船运到渭口，渭水的船运到太仓；并在河边设置仓库，辗转接送。从此，每年运谷量多达一百多万斛而可以做到没一点点折损。

当年为了保障漕运，州县聘用富人来监督水陆运输，这些人在正当的税收之外还强制索取。很多人为了逃避这些额外的课征和劳役，干脆群聚为盗贼。刘晏将船运和邮递事务全收归政府负责，并废除不正常的征敛，人民的困苦才得到免除，户口也逐渐增加。冯梦龙认为刘晏"其理财常以养民为先，可谓知本之论"①。

在明代，冯梦龙表彰的是当时的南直隶巡抚周忱，他的主要职责就是督运南北畿郡的赋税。冯梦龙在《智囊·明智部经务》中介

---

① 《冯梦龙全集·智囊》，第196页。

绍了周忱对漕运赋税的改革。周忱任巡抚时，苏州地方欠税有七百九十万石。经过深入民间田头，与老农恳谈，周忱了解到，吴郡地方富豪和有财力的人不肯缴纳运送途中折损的耗米，转由贫民负担，贫民缴纳不出，只好流离四散。于是，周忱制定了新的平米政策，官田、民田一律加征运送折损的数量。"定为论粮加耗之制，而后金花银、粗细布轻赉等项，裨补重额之田，斟酌损益，尽善尽美。"①苏州的税额有二百九十余万石，经与当时的苏州知府况钟详细计算，宽减八十多万石。又命令各县设立便民仓，每乡在村里役吏中推选一个有力的人，称为"粮长"，负责征收本乡村夏秋两季的税，加收耗米比例不得超过十分之一。此外，又在粮长之中依财力的多寡选派押运的人，视路途的远近与劳力的分量支付酬劳，每运到京师、通州应缴米粮一石便支付三斗，临清、淮安、南京等仓，依同样标准订定支付数目，作为舟船转运的各种费用。整顿支出和收入，支付后所余的米，分别存积在县仓，称为"余米"。所收米粮立刻超出原来折损的部分。明英宗正统初年，淮扬有灾害，盐税亏损。周忱巡视时，奏请朝廷诏令苏州等府拨付余米，每县拨一二万石，运到扬州盐场，可抵第二年的田租，听任制盐人家缴私盐来换取米。当时米价贵，盐价廉，官府可以存盐，而人民有米吃，公私都得到好处。周忱在江南二十二年，每遇凶灾荒年，就相机行事，用余米来补救。除了田赋之外，没有征收任何额外的税，凡是各种进贡及官署、学校、祠堂、古墓、桥梁、河道的修理整治，所需费用都从余米中拨付。

但是，非常不幸的是这项德政后来被朝廷废除了，将余米完全收归户部，于是征税名目繁杂，而百姓欠税的情形也愈来愈多。冯梦龙评论说："夫余米备用，本以宽济，一归于官，官不益多，而民遂无所恃矣。试思今日两税耗，果止十一乎？征收只十五、十六乎？昔何以薄征而有余，今何以加派而不足？江南百姓，安得不尸祝公而用追思不置也。"② 说明"以民为本"绝非虚言，如何为人民谋利

---

① 《冯梦龙全集·智囊》，第200页。
② 同上书，第199页。

益就是最大的政治，民心之向背由此而尽显。

在解决漕运米耗的问题上，明代松江知府樊莹也做出了重要贡献。《智囊·明智部经务》在"周忱"篇之后，冯梦龙又表彰了松江知府樊莹。"松赋重役繁，自周文襄公后，法在人亡，弊蠹百出。大者运夫耗折，称贷积累，权豪索偿无虚岁，而仓场书手，移新蔽陈，百计侵盗。"① 樊莹到任以后，经过调研认为，运送漕粮有所耗损，主要是因为运夫无人统一指挥，一些狡诈之徒有机会从中动手脚，倒霉的却是一些老实善良的人。于是樊莹聘用粮长专职运送，而宽减各种货物的费用来优待他，税赋除了常运米以外，其余的一律征收白银。这样一来，那些被派遣专职运粮的人，因为与切身利害有关，都不敢浪费，而掌管收纳计算的人，因出入的数量都有明确的记载，无法私自吞没。而以白银来纳税，人民的负担反而比用粮食纳税为轻，因此人民也乐意配合。于是累积多年的弊病一下子除去了十之八九。又革除收购米粮的囤积户，以减少粮长的侵占；又以民间商人来代粮长运送布匹，并以准许其顺道运送私人的商品贩卖，作为为公家运送的报酬。冯梦龙认为这可以"补周文襄与况伯律所未备"②。

大运河的运输有很高的水利成本，大运河承担的主要职能是漕运，但也适度给予运输其他经济商品的配额。其中就有许多利益所在，因此河漕的治理还要敢于同腐败权奸、巧取豪夺之辈做坚决的斗争。

冯梦龙在《智囊全集·智胆部识断》中介绍的刘玺就是其中的一位勇于斗争的代表人物。刘玺，南京人，明嘉靖中历督漕总兵官。时有太师郭勋仗恃受宠，常率领属下大肆搜购南方珍玩，然后胁迫漕运官分派船只载运入京，获取暴利。当时水道运输不顺，多半都是因为这缘故。刘玺为根除弊端，事先在船中准备一副棺木，然后右手拿刀，左手指着贪官说："若能死，犯吾舟，吾杀汝，即自杀卧棺中，以明若辈之害吾军也，吾不能纳若货以困吾军。"贪官听了，

---

① 《冯梦龙全集·智囊》，第200页。
② 同上书，第200页。

"惧而退"。冯梦龙对此评论说："权奸营私，漕事坏矣，不如此发恶一番，弊何时已也。"又说："人到是非紧要处，辄依阿徇人，只为恋恋一官故。若刘唐二公，死且不避，何有一官，毋论所持者正，即其气已吞群小而有余矣。"① 认为没有杀身成仁的大无畏精神，就不可能斗倒权奸。

对待权奸可以拼死一搏，阻止违法乱纪，但是对于王室的腐败，恐怕就不是斗狠能够解决问题的了，还要以智取胜。冯梦龙在《智囊·上智部迎刃》中就介绍了一位靠动脑子想出好办法为百姓减轻负担的地方官范槚。明嘉靖四十年（1561），景王朱载圳就藩湖北安陆，浩浩荡荡数万人经由大运河到达封地，途中经过淮安。其时范槚是淮安知府，在漕督的主持下负责接待王驾，按照要求，沿河两岸要开路五丈宽，遇到民房必须拆除。范槚为了减少老百姓损失，想出办法在民房边放置破船，上面覆盖土板，看起来就像平地，希望这样可以解决问题。但是王驾沿途开销惊人，按照光禄寺的要求，"食品珍异，每顿直数千两"。范槚拿了《大明会典》据理力争："王舟所过，州县止供鸡鹅柴炭，此明证也。且光禄备万方玉食以办，此穷州僻县，何缘应奉乎？"光禄寺没有办法，只好按照"王顿二十两，妃十两"的标准安排膳食，一下子省了数万巨额花费。为了让王舟尽快离开，范槚又派人花钱对具体主事的人说："水悍难泊，惟留意。"② 于是王舟整日航行，水流又快，很快就通过了，三处靠岸只供应了一千三百两白银，而船队到了扬州仪真，一夜之间竟花了五万两，两者比较，非常清楚地说明，地方官为民谋利益完全可以有所作为，关键是你有没有真正把老百姓看成是"天"。

以上所述都彰显出冯梦龙河漕治理的"民本"和"廉政"思想。

二、冯梦龙作品中反映的河漕世相

冯梦龙作品中的许多故事都与河漕有关，从故事中的一些细节

---

① 《冯梦龙全集·智囊》，第317–318页。
② 同上书，第119页。

也可以略窥当年河漕的世相。

（一）作品所及城镇闹市

冯梦龙"三言"中与大运河相关的故事有20篇之多，其中涉及的河漕关节地名主要有杭州武林门、苏州阊门和枫桥、润州瓜洲、扬州仪真、山东济宁和临清等。以下以杭州武林门和苏州阊门、枫桥为例按次诠述。

武林门，杭州早前的十座城门之一，始建于隋代，吴越国时称北关门，宋高宗时称余杭门，明代改称武林门，为杭州北面门户，是进入大运河，通往浙北、苏南的必经之门，自隋代以来一直是沟通南北大运河的百货集散地。"樯帆卸泊，百货登市"①，就是被誉为钱塘八景之一的"北关夜市"。《警世通言》第三十三卷《乔彦杰一妾破家》就多次涉及武林门。故事讲的是好色毁家的悲剧，杭州商人乔俊经商途中，见邻船一女春香美貌，便见色起意，以一千贯将其娶回作妾。后来春香因为丈夫长期经商在外，竟与雇工董小二勾搭成奸。董小二又骗取乔俊女儿玉秀做"夫妻"，乔妻高氏知道后，一怒之下胁迫小妾合伙杀了雇工董小二，并弃尸河中。后被人告发，妻妾相继死在狱中，乔俊归家之后发现家破人亡，也投水自尽。作者描写乔俊娶了春香回家的场景：

> 次日天晴，风息浪平，大小船只，一齐都开。乔俊也行了五六日，早到北新关，歇船上岸，叫一乘轿子抬了春香，自随着径入武林门里。来到自家门首，下了轿……②

武林门是从运河返回杭州的必经之路。后来发现河中尸体的皮匠陈文老婆程氏五娘，也住在"武林门外清湖闸边"。这个清湖闸的位置《湖墅志略》有载录："城外河一自武林水门经北郭税务至清

---

① （雍正）《西湖志》，转引自陆鉴三选注《西湖笔丛》，杭州：浙江人民出版社，1981年，第96页。
② 魏同贤主编《冯梦龙全集·警世通言》，南京：凤凰出版社，2007年，第521页。本文以下所引"三言"皆据此版本，不再具体标注，只标注页码。

湖闸，泄入东运河，曰下塘河。行旅由城出关者，于清湖闸过塘。"①《艮山杂志》卷一称，宋时"上下塘运河米舟，悉得由清湖闸抵泛洋湖，以入天宗水门"。《艮山杂志》卷二又说："清湖闸有三：上闸，去余杭门二里；中闸，去三里；下闸，去五里。三闸又各有泄水陡门。周必大《归庐陵日记》云'北关解舟至闸下'，谓此闸也。"② 故事中，乔俊在外生意亏本返回杭州，听说老婆杀人，一家人都死在牢中：

> 两行泪珠如雨，收不住，哽咽悲啼。心下思量："今日不想我闪得有家难奔，有国难投，如何是好？"番来覆去，过了一夜。次日黑早起来，辞了船主人，背了衣包，急急奔武林门来。到着自家对门一个古董店王将仕门首立了。看自家房屋俱拆没了，止有一片荒地。③

在小说中，利往利来、众声喧哗、充满俗世气息的武林门就是这个悲剧的见证者。

《警世通言》第三十八卷《蒋淑真刎颈鸳鸯会》也是一个情色悲剧。主人公蒋淑真也与武林门有关，她出生于"浙江杭州府武林门外落乡村中"，"生得甚是标致。脸衬桃花，比桃花不红不白；眉分柳叶，如柳叶犹细犹弯"④。虽然天生貌美，却品行不端，先后三次与人偷情，断送三条人命，最终事情败露，自己也将性命葬送。《喻世明言》（又称《古今小说》）第三卷《新桥市韩五卖春情》，也是告诫人们情色害人的故事。主人公吴山本来家境优渥，因为贪欲情色，着了私娼的道，差点因纵欲害了性命。而吴山正住在武林门新桥。吴山害了恶疮，一个月都没有出门。私娼金奴听说此事，做了两个糯米猪肚子，还写了一封情书，派人秘密交给吴山：

---

① 转引自孙忠焕主编《杭州运河文献集成》（第一册），杭州：杭州出版社，2009年，第492页。
② 〔清〕翟灏《艮山杂志》，见陈述主编《杭州运河文献》，杭州：杭州出版社，2006年，第126页、192页。
③ 《冯梦龙全集·警世通言》，第513页。
④ 同上书，第579页。

八老提了盒子，怀中揣着简帖，出门径往大街，走出武林门，直到新桥市上吴防御门首，坐在街檐石上。只见小厮寿童走出，看见叫道："阿公，你那里来，坐在这里？"八老扯寿童到人静去处说："我特来见你官人说话，我只在此等你，可与我报与官人知道。"寿童随即转身，去不多时，只见吴山踱将出来。①

据嘉靖《仁和志》载"武林门外大街，南抵北新桥。其街东螺蛳小巷、夹城巷，转东直抵石灰桥坝"②。淳祐《临安志》：城外运河，"在余杭门外，北新桥之北。通苏、湖、常、秀、镇江等河。凡诸路纲运及贩米客船，皆由此河达于行都"③。武林门外有钞关"北新关"，"北新桥"其名当得自关名，与小说中的"新桥"位置完全一致。所谓"新桥"，其实就是现实中的"北新桥"。《仁和志》中提到的石灰桥与小说中吴山开的丝铺所在的"灰桥"也可能是同一地点。

这两个情色故事都以武林门为背景，而武林门是运河商品经济兴盛的一个缩影。情欲源于人之本性，不论哪个朝代都有纵欲者。但如果说情欲是烈火，那么商业文化就是油脂，它必定会助燃情欲，使之一发而不可收。

《喻世明言》第二十六卷《沈小官一鸟害七命》则讲述了因玩物而连丧七命的荒唐悲剧。一只画眉鸟触发了一连串凶杀，如同多米诺骨牌倒下一般，而罪魁祸首其实就一个"利"字。箍桶匠张公贪图名贵画眉鸟的利，杀了鸟主人沈秀；黄老狗以及他的两个儿子大保和小保因为冒领悬赏而先后毙命；买鸟的药商李吉因进贡了鸟而屈死；最后案情大白，张公被处死，张妻被吓死，而导致如此大

---

① 《冯梦龙全集·古今小说》，第71页。
② 转引自孙忠焕主编《杭州运河文献集成》（第二册），杭州：杭州出版社，2009年，第58页。
③ 浙江省地方志编纂委员会编《宋元浙江方志集成》（第一册），杭州：杭州出版社，2009年，第176页。

命案的核心就是一只鸟的利。故事的地域背景也是武林门。故事主人公沈昱,家住"海宁郡武林门外北新桥下",张公杀人夺鸟以后"一径望武林门外来",而审问李吉时,李吉交代:

> 先因往杭州买卖,行至武林门里,撞见一个箍桶的,担上挂着这个画眉,是吉因见他叫得巧,又生得好,用价一两二钱买将回来。因他好巧,不敢自用,以此进贡上用。并不知人命情由。①

最后张公归案,知府审问:

> 张公犹自抵赖,知府大喝道:"画眉是真赃物,这四人是真证见,若再不招,取夹棍来夹起。"张公惊慌了,只得将前项盗取画眉,勒死沈秀一节——供招了。知府道:"那头彼时放在那里?"张公道:"小人一时心慌,见侧边一株空心柳树,将头丢在中间。随提了画眉,径出武林门来。偶撞见三个客人,两个伴当,问小人买了画眉,得银一两二钱,归家用度。所供是实。"②

故事最让人寒心的是杀人的缘起,只是"一两二钱"的小利,而悬赏金额一千五百贯虽然比较多一些,但轿夫黄老狗居然让儿子杀死自己去冒领,由此可见当时小市民生活压力之大。这从一个侧面反映出当时商品经济造成的两极分化已经相当严峻。

下面看苏州的阊门和枫桥。

阊门是苏州古城西北水路要冲,外城河、内城河、上塘河(京杭大运河古河道)、山塘河(通往虎丘)分别从不同方向汇聚于此,是苏州城最重要的交通枢纽。枫桥,去阊门七里,位于大运河、古驿道和枫江的交汇处。明初卢熊在《苏州府志》中以为当作"封

---

① 《冯梦龙全集·古今小说》,第396—397页。
② 同上书,第399—400页。

桥"，因唐时在此设卡，每当皇粮北运时，便封锁河道。交通带来客流和物流，必然会聚集成贸易闹市。所以阊门到枫桥一带自古就是商贸繁盛之区。崇祯《吴县志》说："金阊一带，比户贸易，负郭则牙侩辏集。"① 郑若曾《江南经略》有"天下财货莫不聚于苏州，苏州财货莫不聚于阊门"之说，又称"自阊门至枫桥将十里，南北二岸居次栉比，而南岸尤盛，凡四方难得之货，靡所不有过者，烂然夺目"，"上江江北菽粟、绵花大贸易咸聚焉"②。明末王心一序《吴县志》也称阊、枫之间"错绣连云，肩摩毂击，枫江之舳舻衔尾，南濠之货物如山"③。冯梦龙小说多以阊门枫桥作为地理背景。《警世通言》第三卷《王安石三难苏学士》讲述了王安石几次为难苏东坡的故事，其中第三难王安石所出对联就以阊门为掌故：

  荆公问道："子瞻从湖州至黄州，可从苏州润州经过么？"东坡道："此是便道。"荆公道："苏州金阊门外，至于虎丘，这一带路，叫做山塘，约有七里之遥，其半路名为半塘。润州古名铁瓮城，临于大江，有金山，银山，玉山，这叫做三山。俱有佛殿僧房，想子瞻都曾游览？"东坡答应道："是。"荆公道："老夫再将苏、润二州，各出一对，求子瞻对之。苏州对云：'七里山塘，行到半塘三里半。'润州对云：'铁瓮城西，金，玉，银山三宝地。'"
  东坡思想多时，不能成对，只得谢罪而出。④

此虽为传说，但也可见金阊山塘街名声早已随着运河水流向南北各地。《警世通言》第二十五卷《桂员外途穷忏悔》主要叙述了桂员外夫妇，被苏州府吴趋坊施济从破产自杀的道路上救起来，却忘恩负义，一心只想损人利己往上爬，最后遭受恶报的故事。桂员

---

① （崇祯）《吴县志》卷十《风俗》，明崇祯十五年（1642）刻本。
② 〔明〕郑若曾著，傅正、宋泽宇、李朝云点校《江南经略》，合肥：黄山书社，2015年，第144页。
③ 〔明〕王心一《重修吴县志序》，（崇祯）《吴县志》卷首，明崇祯十五年（1642）刻本。
④ 《冯梦龙全集·警世通言》，第36页。

外偶然掘得施济埋在别院中的财宝而发家致富，施家到了儿子施还手中却开始败落，无奈之中找桂员外求助，竟遭百般羞辱。施家最后竟致变卖房产，幸好在出手前拆卸祖父卧房时在天花板内发现账本一册，记载了祖父埋藏在各处的财宝，终于重新发家。而桂员外却经商遭骗再次败落。其妻子及两个儿子都相继而亡，最后竟投胎变成了施家的三条狗。而桂员外为了生存只好厚着脸皮托人做媒，要把女儿嫁给施还作妾：

> 踌躇再四，乃作寓于阊门，寻相识李梅轩，托其通信，愿将女送施为侧室。梅轩道："此事未可造次，当引足下相见了小舍人，然后徐议之。"①

施家住在吴趋坊，地近阊门，在皋桥西南。晋陆机诗《吴趋行》云："吴趋自有始，请从阊门起。阊门何峨峨，飞阁跨通波。"② 此吴趋坊名所由也。故桂员外就近在阊门找了客栈。后来施还娶了桂员外之女：

> 桂迁罄囊所有，造佛堂三间，朝夕侍佛持斋，养三犬于佛堂之内。桂女又每夜烧香，为母兄忏悔。如此年余，忽梦母兄来辞："幸仗佛力，已脱离罪业矣。"早起桂老来报，夜来三犬，一时俱死。桂女脱簪珥买地葬之，至今阊门城外有三犬冢。③

不过，所谓"三犬冢"只是小说家语，今已不闻。

《警世通言》第二十六卷《唐解元一笑姻缘》中的唐寅也是家住阊门内的桃花坞。弘治十二年（1499），唐寅卷入徐经科场舞弊案问革，从此丧失科场进取心，遂放浪诗酒，醉心书画。阊门便是他主要的生活所在地。

---

① 《冯梦龙全集·警世通言》，第 392 页。
② 〔梁〕萧统编，〔唐〕李善注《文选》，上海：上海古籍出版社，1986 年，第 1308 页。
③ 同①书，第 393 – 394 页。

却说苏州六门：葑、盘、胥、阊、娄、齐。那六门中只有阊门最盛，乃舟车辐辏之所。真个是：翠袖三千楼上下，黄金百万水东西。五更市贩何曾绝，四远方言总不齐。唐解元一日坐在阊门游船之上，就有许多斯文中人，慕名来拜，出扇求其字画。

唐寅在游船上瞥见经过的画舫内"有一青衣小鬟，眉目秀艳，体态绰约，舒头船外，注视解元，掩口而笑"，唐寅竟为之"神荡魂摇"。第二天到了无锡在大街上又一次见到这"青衣小鬟"：

解元立住脚看时，只见十来个仆人前引，一乘暖轿，自东而来，女从如云。自古道："有缘千里能相会。"那女从之中，阊门所见青衣小鬟正在其内。解元心中欢喜，远远相随，直到一座大门楼下，女使出迎，一拥而入。询之傍人，说是华学士府，适才轿中乃夫人也。解元得了实信，问路出城。

因此一份痴心，唐寅便托词留在无锡，乔装混入华府做了书役，好找机会接近"青衣小鬟"。华学士爱惜他的才华，希望长期留用，居然要为他置室，唐寅顺杆提出要在华府丫鬟中择一心仪之女。丫鬟中掌四时衣服的秋香正是那个"青衣小鬟"，于是唐寅便如意娶到了秋香：

合卺成婚，男欢女悦，自不必说。夜半，秋香向华安道："与君颇面善，何处曾相会来？"华安道："小娘子自去思想。"又过了几日，秋香忽问华安道："向日阊门游船中看见的可就是你？"华安笑道："是也。"秋香道："若然，君非下贱之辈，何故屈身于此？"华安道："吾为小娘子傍舟一笑，不能忘情，所以从权相就。"秋香道："妾看见诸少年拥君，出素扇纷求书画，君一概不理，倚窗酌酒，旁若无人。妾知君非凡品，故一笑耳。"华安道："女子家能于流俗中识名士，诚红拂绿绮之流也！"

唐寅既已如愿，便带着秋香脱身返回苏州。后来华学士到苏州拜客，获悉华安就是唐寅，便上门拜访：

> 二人再至书房。解元命重整杯盘，洗盏更酌。酒中学士复叩其详。解元将阊门舟中相遇始末，细说一遍。各各抚掌大笑。学士道："今日即不敢以记室相待，少不得行子婿之礼。"解元道："若要甥舅相行，恐又费丈人妆奁耳。"二人复大笑。是夜，尽欢而别。①

在这个后来为世俗喜闻乐道的著名喜剧中，阊门俨然成了唐寅与秋香定情的证人。

《醒世恒言》第二十卷《张廷秀逃生救父》叙述富商王宪因木匠张权之子张廷秀手艺精巧、聪明勤谨，招赘为婿，与小女儿玉姐结亲。大女儿瑞姐和丈夫赵昂反对，张权被陷害入狱，张廷秀被逐出家门，玉姐也被逼自杀（未成）。张廷秀弟兄四处奔走诉冤，历尽磨难，终于双双中了进士，昭雪冤狱，最后惩办恶人，合家团圆。张权原是江西南昌府进贤县人氏：

> 怎奈里役还不时缠扰。张权与浑家商议，离了故土，搬至苏州阊门外皇华亭侧边，开个店儿。自起了个别号，去那白粉墙上写两行大字，道："江西张仰亭精造坚固小木家火，不误主顾。"张权自到苏州，生意顺溜，颇颇得过，却又踏肩生下两个儿子。②

这阊门外皇华亭就在运河边上，正德《姑苏志》已有记载：成化九年（1473），知府丘霁重改建（姑苏驿馆）于胥门外。基半筑于水，广袤数十丈，背城面河，气势宏敞。北有延宾馆，后有楼曰

---

① 以上引用文字分别见《冯梦龙全集·警世通言》，第 398 页、399 页、403 页、406 页。
② 《冯梦龙全集·醒世恒言》，第 391－392 页。

昭阳,可以登眺。驿之右有皇华亭,左有月洲亭,相去百步,为使客憩息之所。崇祯《吴县志》又称:状元宰辅坊,在阊门外皇华亭,为申时行长子用懋重修。由此大致可知皇华亭位置当在胥、阊之间靠近阊门一侧。张权手艺精湛,被"专诸巷内天库前,有名开玉器铺的王家"请到家里做嫁妆。

> 且说张权正愁没饭吃,今日揽了这大桩生意,心中好不欢喜。到次日起来,弄了些柴米在家,分付浑家照管门户,同着两个儿子,带了斧凿锯子,进了阊门,来到天库前,见个大玉器铺子,张权约莫是王家了。①

专诸巷位于阊门内,以春秋时刺杀吴王僚的勇士专诸得名。《吴门表隐》称:"天库在专诸巷中,门前有花石者最古,断门槛者香火特盛。地库在北寺中院,今有九处,惟大观音殿旁最前,门外有琵琶街,形已失。阴雨时辄有声,皆唐周真人隐遥为民禳灾处。"② 据此可见此天库乃为道院,是为祭祀补库之所。王家在天库前开玉器铺子,补库倒是很方便,却没有防住家里大女儿、女婿的贪婪。后来瑞姐、赵昂害人的阴谋都在阊门实施。而张家两儿被歹人投入江中,居然大难不死,为善人所救,最后都殿试二甲,成了同榜进士,可谓吉人天相,所以这个阊门也是逢凶化吉之地。兄弟二人一个点了翰林,一个选南直隶常州府推官,终于可以衣锦还乡,救出父亲:

> 离了南京,顺流而下,只一日已抵镇江。分付船家,路上不许泄漏是常州理刑,舟人那敢怠慢。过了镇江、丹阳,风水顺溜,两日已到苏州,把船泊在胥门马头上,弟兄二人,只做平人打扮,带了些银两,也不教仆从跟随,悄悄的来得司狱司前。望见自家门首,便觉凄然泪下。走入门来,见母亲正坐在

---

① 《冯梦龙全集·醒世恒言》,第394页。
② 〔清〕顾震涛撰,甘兰经等校点《吴门表隐》,南京:江苏古籍出版社,1999年,第2页。

矮凳上，一头绩麻，一边流泪。①

故事最后以喜剧终结，歹人全部伏法，表达了"凡事但将天理念，安心自有福来迎"的主题。

《警世通言》第二十二卷《宋小官团圆破毡笠》的故事则发生在枫桥，讲述昆山宋金受人谗谤，生活艰厄，蒙邻居刘有才收留，在船上帮工，为刘有才夫妇赏识，并将女儿宜春嫁与为妻。一年后，爱女夭折，宋金哀痛过度，得了绝症，又被刘有才抛弃。宋金在荒滩上发现强盗财宝，成为巨富。后与宜春复合，夫妻同诵《金刚经》，到老不衰，享寿各九十余，无疾而终。这也是一个悲喜剧。宋金之父宋敦原是宦家之后，而刘有才"积祖驾一只大船，揽载客货，往各省交卸。趁得好些水脚银两，一个十全的家业，团团都做在船上"。两人四十多岁尚未有后，"闻得徽州有盐商求嗣，新建陈州娘娘庙于苏州阊门之外，香火甚盛，祈祷不绝。刘有才恰好有个方便，要驾船往枫桥下客，意欲进一炷香"，为求子嗣，正好宋敦也有此愿：

> 当下忙忙的办下些香烛纸马阡张定段，打叠包裹，穿了一件新联就的洁白湖绸道袍，赶出北门下船。趁着顺风，不勾半日，七十里之程，等闲到了。舟泊枫桥，当晚无话。……次日起个黑早，在船中洗盥罢，吃了些素食，净了口手，一对儿黄布袱驮了冥财，黄布袋安插纸马文疏，挂于项上，步到陈州娘娘庙前，刚刚天晓。②

祭拜完毕，刘有才又"自往枫桥接客去了"，而宋敦则因返回时为了给一个病死的老和尚施一口棺材耽误了许多时间，却做了一件大功德，为以后的福报埋下伏笔。枫桥在这里不仅是做生意的地方，也是求神拜佛做善事的地方。

---

① 《冯梦龙全集·醒世恒言》，第430－431页。
② 《冯梦龙全集·警世通言》，第301－303页。

《醒世恒言》第三十五卷《徐老仆义愤成家》中的老仆人阿寄，人虽老，脑子却精明，是做生意的人才，他利用运河交通贩卖商品，极善于利用各种商品信息：

> 打听得枫桥籼米到得甚多，登时落了几分价钱，乃道："这贩米生意，量来必不吃亏。"遂籴了六十多担籼米，载到杭州出脱。①

明代开始，苏州枫桥逐渐成为重要的"米市"。顾炎武在《天下郡国利病书》中说："夏麦方熟，秋禾既登，商人载米而来者，舳舻相衔也。中人之家，朝炊夕爨，负米而入者，项背相望也。"②沿长江东下的粮食，在镇江中转，经运河抵达枫桥米市，"湖广之米辏集于苏郡之枫桥，而枫桥之米，间由上海乍浦以往福建"③。故谚有"打听枫桥价，买米不上当"一语。小说中所反映的阿寄利用枫桥米价波动来牟利，是对现实的真实写照。

《喻世明言》第一卷《蒋兴哥重会珍珠衫》写的是蒋兴哥与其妻王三巧婚变的悲欢离合故事，故事最后是个喜剧。故事中粮商陈大郎对王三巧赠与的珍珠衫非常珍惜，做生意时也一直穿着：

> 却说陈大郎有了这珍珠衫儿，每日贴体穿着，便夜间脱下，也放在被窝中同睡，寸步不离。一路遇了顺风，不两月行到苏州府枫桥地面。那枫桥是柴米牙行聚处，少不得投个主家脱货，不在话下。
>
> 忽一日，赴个同乡人的酒席。席上遇个襄阳客人，生得风流标致。那人非别，正是蒋兴哥。原来兴哥在广东贩了些珍珠、玳瑁、苏木、沉香之类，搭伴起身。那伙同伴商量，都要到苏

---

① 《冯梦龙全集·醒世恒言》，第783页。
② 〔明〕顾炎武《天下郡国利病书·苏松备录》，见《顾炎武全集》（13），上海：上海古籍出版社，2011年，第589页。
③ 〔清〕蔡世远《与浙江黄抚军请开米禁书》，见《魏源全集》第15册《皇朝经世文编》卷四十四，长沙：岳麓书社，2004年，第425页。

州发卖。兴哥久闻得"上说天堂,下说苏杭",好个大马头所在,有心要去走一遍,做这一回买卖,方才回去。①

在这段描述中,可以清楚地了解到当时的枫桥和苏州得运河之利,确实已是万商聚合、百货云集之地,不仅柴米牙行汇聚,还有南方各种珍珠、玳瑁、苏木、沉香等名贵珍稀物产云集于此,这也可以间接地反映出苏州的富裕和奢靡之风。陆楫有云:"今天下之财赋在吴越。吴俗之奢,莫盛于苏杭之民。有不耕寸土而口食膏粱,不操一杼而身衣文绣者,不知其几何也。盖俗奢而逐末者众也。……彼以粱肉奢,则耕者庖者分其利;彼以纨绮奢,则鬻者织者分其利。"②说吴越因富庶而奢靡,又因奢靡而"逐末"者众,也就是高消费反过来刺激、促进了商品经济,使更多的人有了就业机会,分享其利,经济得以良性循环。这个观点是非常深刻的。

以上几篇小说中写到的阊门和枫桥都是逢凶化吉的"福地",故事最终都以喜剧结局,与武林门相关的故事形成鲜明对比,很值得玩味。

(二)作品所及河漕名目

冯梦龙作品中故事的地理背景不仅与运河城市的闹市有关,而且其中许多细节名目也关涉河漕诸多方面。下面择要加以阐述。

白粮:

《醒世恒言》第二十卷《张廷秀逃生救父》中粮商王员外的大女儿、女婿要谋害张家父子,大女儿献上一计:

> 赵昂满心欢喜,请问其策。那婆娘道:"谁不晓得张权是个穷木匠,今骤然买了房子,开张大店,只你我便知道是老不死将银子买的。那些邻里如何知得,心下定然疑惑。如今老厌物要亲解白粮到京。乘他起身去后,拼几十两银子买嘱捕人,教强盗扳他同伙打劫,窝顿赃物在家。就拘邻里审时,料必实说,

---

① 《冯梦龙全集·古今小说》,第22页。
② 〔明〕陆楫《蒹葭堂杂著摘抄》,商务印书馆1936年《丛书集成初编》本,第3页。

当初其实穷的，不知如何骤富。合了强盗的言语。

后面又说道：

>且说王员外因田产广多，点了个白粮解户。欲要包与人去，恐不了事，只得亲往。①

其中所称"白粮""白粮解户"，正与明代漕运制度有关。所谓"白粮"即白粳米，为江南五府所征、供宫廷和京师官员用的漕粮。"白粮解户"即负责解押白粮的粮户。成化六年（1470）规定，征自苏、松、常、嘉、湖五府的白粳米（即白粮）实行民运制。官府制造运船，每船佥点纳粮户五六名，多不过十名，运粮至京。嘉靖元年（1522）又规定，民运白粮照兑运事例，每年的十月底征完，十二月底以前运至瓜洲，听攒运官催攒起程。正月内开船，限六月底前抵京完纳。隆庆六年（1572）又补充规定，民运白粮每船可附带四十石土宜，沿途钞关免其纳税。万历九年（1581）进一步要求，每岁解京白粮，务要佥派殷实粮户，不许棍徒包揽。另外，对于民运粮船，可免带城砖。沿途如有积棍包揽解送、歇家科扰等弊，听巡视科道参究。可见解押白粮是有一些优惠政策的，"白粮解户"应该是一项好差使，所以对"白粮解户"的选择要求也高，必须是"殷实粮户"。

坐舱钱：

《警世通言》第十一卷《苏知县罗衫再合》叙述苏知县全家的悲欢离合故事。苏知县考中进士授任金华府兰溪县知县，前往赴任：

>苏云同夫人郑氏，带了苏胜夫妻二人，伏事登途。到张家湾地方，苏胜禀道："此去是水路，该用船只，偶有顺便回头的官座，老爷坐去稳便。"苏知县道："甚好。"原来坐船有个规矩，但是顺便回家，不论客货私货，都装载得满满的，却去揽

---

① 《冯梦龙全集·醒世恒言》，第400页。

一位官人乘坐,借其名号,免他一路税课,不要那官人的船钱,反出几十两银子送他,为孝顺之礼,谓之坐舱钱。苏知县是个老实的人,何曾晓得怎样规矩,闻说不要他船钱,已自勾了,还想甚么坐舱钱。①

其中讲到的"坐舱钱",与明代的一项漕运制度有关。明制规定官船可以免税免查,有官身和功名的人也可以免税。明末右佥都御史祁彪佳在日记里就记录自己坐船南返,有商船三艘,载枣货与之并行,路过临清钞关,榷官即令其所有同行者一切商税均免。可见当时士大夫是有许多特权的,因此船家就想方设法往官方背景上靠,甚至有伪造官员出行官衔牌蒙混过关的。为此,当时还诞生了一种船户,专门租用仕宦之家的船只载货牟利。《苏知县罗衫再合》故事中的那个罪犯徐能就是这样的船户:

仪真县有个惯做私商的人,姓徐,名能,在五坝上街居住。久揽山东王尚书府中一只大客船装载客人,南来北往,每年纳还船租银两。②

文中的徐能就是靠着租用有着官身的王尚书家私船,在运河上服务商贾,进而和王府分利。后来事发,徐能一伙被正法,苏公父子回乡省亲:

诸事已毕。下一日,行到山东临清,头站先到渡口驿,惊动了地方上一位乡宦,那人姓王,名贵,官拜一品尚书,告老在家。那徐能揽的山东王尚书船,正是他家。徐能盗情发了,操院拿人,闹动了仪真一县,王尚书的小夫人家属恐怕连累,都搬到山东,依老尚书居住。后来打听得苏御史审明,船虽尚书府水牌,止是租赁,王府并不知情。老尚书甚是感激……③

---

① 《冯梦龙全集·警世通言》,第135-136页。
② 同上书,第136页。
③ 同上书,第155-156页。

可见官府相护，出了事情官家也有办法撇清，在明代官宦之家买条船还真是一条发财捷径。

水脚银：

《警世通言》第二十二卷《宋小官团圆破毡笠》讲到船户刘顺泉的起家：

> 那刘顺泉双名有才，积祖驾一只大船，揽载客货，往各省交卸。趁得好些水脚银两，一个十全的家业，团团都做在船上。①

这水脚银为支付民夫工钱的运费折银，其实只是各种"耗米"中的一项。明成化七年实行运军代替民运，由州县兑粮到京通交仓的"长运法"。随着漕运法的变化，粮户的纳粮负担大为加重。对纳粮户来说，沉重的负担还不是来自征收的漕项正粮，即正米正项，而是随之而来的各种正米耗项和杂项耗米，如沿途车船费用有"船钱米""水脚银""脚用米"，助役补贴费用有"贴夫米""贴役米""加贴米""盘用米""使费银"，铺垫装船费用有"芦席米""楞木银""铺垫银"，还有防耗防湿费用"筛扬米""湿润米"等。在明文规定之外，还有名目繁多的漕项附加杂费和因漕务官吏贪索而增加的各种征敛，致使粮户需缴纳二石，甚至三四石粮食才能完纳一石正漕，粮户的实际负担则为漕粮正额的二倍到四倍，有的地方甚至多达五倍。纳粮成为有漕地区粮户的沉重经济负担。正所谓苛捐猛于虎，由此可见江南农民生活之艰辛。

三、冯梦龙作品中反映的河漕经济

冯梦龙的作品从多个侧面反映了明代河漕运行的情况，让人们可以看到种种动态的河漕面相，其中有关明代商品经济发展的现状也多有展现。

---

① 《冯梦龙全集·警世通言》，第 301 页。

（一）河漕给沿河节点带来的经济繁荣

从京城以外大的城市来看，从北到南，唐代如洛阳、汴州、宋州、宿州、泗州、楚州、扬州、润州、常州、苏州、杭州、湖州、越州都是因大运河而兴盛起来的城市，元明以后如通州、天津、临清、张秋、济宁、淮安、镇江、扬州、常州、无锡、苏州、杭州等，不下数十城，形成了一条以运河商路为依托，以沿运城镇为载体的商贸经济带。本文仅以江南小镇吴江盛泽为例说明运河经济影响之深入。

《醒世恒言》第十八卷《施润泽滩阙遇友》写明嘉靖年间，苏州府吴江县盛泽镇有个叫施复的小商人拾金不昧最后发迹致富的故事。其中有对盛泽镇的描写：

> 这苏州府吴江县，离城七十里，有个乡镇，地名盛泽。镇上居民稠广，土俗淳朴，俱以蚕桑为业。男女勤谨，络纬机杼之声，通宵彻夜。那市上两岸绸丝牙行，约有千百余家，远近村坊织成绸匹，俱到此上市。四方商贾来收买的，蜂攒蚁集，挨挤不开，路途无伫足之隙，乃出产锦绣之乡，积聚绫罗之地。江南养蚕所在甚多，惟此镇处最盛。①

据嘉靖《吴江县志》，明初朱元璋课民种桑，盛泽开始有村落，"居民止五六十家"，但是冯梦龙笔下嘉靖年间的盛泽"市上两岸绸丝牙行，约有千百余家"。牙行是在市场上为买卖双方说合、介绍交易，并抽取佣金的商行或中间商人。汉代称"驵会"，宋以后称为"牙行"，明代经营牙行者需有一定数量的资产，经官府批准并发给执业凭证和账簿。在一个小镇居然有牙行"千百余家"，可以想见商品交易之繁盛。而康熙《吴江县志》记载，盛泽在清初已是商贾远近辐辏，居民万有余家，蕃阜气象，诸镇指为第一。盛泽的兴起依靠的是得天独厚的丝绸生产和依托运河之便的商业贸易。而巨额的贸易，靠个人手工生产是无法满足需求的，因此工场化的生产方式

---

① 《冯梦龙全集·醒世恒言》，第352页。

是商品发展的必然要求。施复本是一个个体生产业主：

> 夫妻两口，别无男女。家中开张绸机，每年养几筐蚕儿，妻络夫织，甚好过活。这镇上都是温饱之家，织下绸匹，必积至十来匹，最少也有五六匹，方才上市。那大户人家，积得多的，便不上市，都是牙行引客商上门来买。施复是个小户儿，本钱少，织得三四匹，便去上市出脱。①

而当资金积累到一定数量后就可以雇工扩大生产：

> 那施复一来蚕种拣得好，二来有些时运。凡养的蚕，并无一个绵茧。缫下丝来，细员匀紧，洁净光莹，再没一根粗节不匀的。每筐蚕，又比别家分外多缫出许多丝来。照常织下的绸，拿上市去，人看时，光彩润泽，都增价竞买，比往常每匹平添钱多银子。因有这些顺溜，几年间，就增上三四张绸机，家中颇颇饶裕。里中遂庆个号儿，叫做施润泽。②

这三四张绸机夫妻俩必定是忙不过来的，一定会雇佣机匠。

> 夫妻依旧省吃俭用，昼夜营运，不上十年，就长有数千金家事。又买了左近一所大房居住，开起三四十张绸机，又讨几房家人小厮，把个家业收拾得十分完美。③

靠着一点点的资金积累，施复将产业如滚雪球一般越做越大。可以说施复发家的故事映射了盛泽乃至整个江南运河城镇手工业和商业发展的基本历程。

（二）一般商人经商的基本方法

有了运河交通的便利，商品的流通就有了良好的条件，但若要

---

① 《冯梦龙全集·醒世恒言》，第353页。
② 同上书，第356页。
③ 同上书，第364页。

不断增殖,还需要有敏锐的信息感知能力。在古代社会,信息相对闭塞,商品贩卖基本上靠的是信息不对称,充分掌握信息,准确判断其价值就是一个成功商人的获利奥秘。

《醒世恒言》第三十五卷《徐老仆义愤成家》中的老仆阿寄虽没有什么文化,却有灵敏的商业嗅觉:

> 再说阿寄离了家中,一路思想:"做甚生理便好?"忽地转着道:"闻得贩漆这项道路,颇有利息,况又在近处,何不去试他一试?"定了主意,一径直至庆云山中。元来采漆之处,原有个牙行,阿寄就行家住下。那贩漆的客人,却也甚多,都是挨次儿打发。阿寄想道:"若慢慢的挨去,可不担搁了日子,又费去盘缠。"心生一计,捉个空,扯主人家到一村店中,买三杯请他,说道:"我是个小贩子,本钱短少,守日子不起的。望主人家看乡里分上,怎地设法先打发我去。那一次来,大大再整个东道请你。"也是数合当然,那主人家却正撞着是个贪杯的,吃了他的软口汤,不好回得,一口应承。……那阿寄发利市,就得了便宜,好不喜欢。教脚夫挑出新安江口,又想道:"杭州离此不远,定卖不起价钱。"遂雇船直到苏州。正遇在缺漆之时,见他的货到,犹如宝贝一般,不勾三日,卖个干净。一色都是见银,并无一毫赊帐。除去盘缠使用,足足赚个对合有余。①

这是阿寄的第一笔生意。首先,他凭借灵敏的商业嗅觉判断贩漆能赚钱;其次,他知道时机对于生意的决定作用,所以尽可能抓住先机,充分节约时间成本,误了时间可能会一无所获;再次,善于处理人际关系,做好人际公关,请人喝酒吃饭这一招至今屡试不爽;最后,充分认知供货的不对称性,货物在产地一般要比在用货地廉价。阿寄靠这四招做成了第一笔生意,接着他又充分利用时间成本和交通成本,乘胜追击:

---

① 《冯梦龙全集·醒世恒言》,第782–783页。

又想道:"我今空身回去,须是趁船,这银两在身边,反担干系,何不再贩些别样货去,多少寻些利息也好。"打听得枫桥籼米到得甚多,登时落了几分价钱,乃道:"这贩米生意,量来必不吃亏。"遂籴了六十多担籼米,载到杭州出脱。那时乃七月中旬,杭州有一个月不下雨,稻苗都干坏了,米价腾涌。阿寄这载米,又值在巧里,每一挑长了二钱,又赚十多两银子。自言自语道:"且喜做来生意,颇颇顺溜,想是我三娘福分到了。"却又想道:"既在此间,怎不去问问漆价?若与苏州相去不远,也省好些盘缠。"细细访问时,比苏州反胜。你道为何?元来贩漆的,都道杭州路近价贱,俱往远处去了,杭州到时常短缺。常言道:"货无大小,缺者便贵。"故此,比别处反胜。①

阿寄又充分利用当时信息传播滞后的不对称优势,不仅把苏州枫桥比较便宜的籼米贩到"稻苗都干坏了,米价腾涌"的杭州赚了大钱,又从杭州了解到由于商人的从众思维反而造成漆的供货比远处短缺,故又马上去庆云山贩漆到杭州,又赚一笔钱。可见其资金周转之快、利用率之高,如此经商不富也难。首战告捷之后,阿寄又如法炮制,扩大范围到更远的地方大展拳脚:

阿寄此番,不在苏、杭发卖,径到兴化地方,利息比这两处又好。卖完了货,打听得那边米价一两三担,斗斛又大。想起:"杭州见今荒歉,前次籴客贩的去,尚赚了钱,今在出处贩去,怕不有一两个对合。"遂装上一大载米至杭州,准准粜了一两二钱一石,斗斛上多来,恰好顶着船钱使用。那时到山中收漆,便是大客人了。主人家好不奉承。一来是颜氏命中合该造化,二来也亏阿寄经营伶俐,凡贩的货物,定获厚利。一连做了几帐,长有二千余金。②

---

① 《冯梦龙全集·醒世恒言》,第783页。
② 同上书,第785页。

阿寄的经商之道可以说也是江南运河商人的一个基本写照。大运河不仅提供了优越的商品经济土壤，也培育了一代代商业奇才。

（三）苏南的大宗商品除了稻米丝绸还有棉布

从元代开始，苏南地区就已经是棉花和棉布生产基地，明朝建立以后，朱元璋就下令："凡民田五亩至十亩者，栽桑、麻、木棉各半亩，十亩以上倍之。"① 积极推广棉花种植。自明中期以后，在常、苏两府的江阴、常熟、太仓、昆山、嘉定等县，棉花种植面积就已非常可观。太仓州"地宜稻者亦十之六七，皆弃稻袭花"②，而嘉定县更是种稻之田只有十分之一，"其民独托命于木棉"③。专业化植棉规模促进了当地棉纺织业的发展，无论是在棉区还是在非棉区，农家多以纺花织布为业。如在棉区的嘉定，据万历《嘉定县志》载："邑之民业，首藉棉布。纺织之勤，比户相属。"④ 冯梦龙《警世通言》第五卷《吕大郎还金完骨肉》讲了无锡吕玉善有善报的故事，其中就写到吕玉丢失儿子后一边经商一边找寻儿子：

> 吕玉娶妻王氏……王氏生下一个孩子，小名喜儿，方才六岁，跟邻舍家儿童出去看神会。夜晚不回。夫妻两个烦恼，出了一张招子，街坊上，叫了数日，全无影响。吕玉气闷，在家里坐不过，向大户家借了几两本钱，往太仓嘉定一路，收些绵花布匹，各处贩卖，就便访问儿子消息。每年正二月出门，到八九月回家，又收新货。走了四个年头，虽然趁些利息，眼见得儿子没有寻处了。日久心慢，也不在话下。
>
> 到第五个年头，吕玉别了王氏，又去做经纪。何期中途遇了个大本钱的布商，谈论之间，知道吕玉买卖中通透，拉他同往山西脱货。⑤

---

① 《明史·食货二》，北京：中华书局，1974年，第1894页。
② （崇祯）《太仓州志》卷十五《灾祥》，崇祯二年（1629）刻本。
③ 〔明〕顾炎武《天下郡国利病书·苏松备录》，见《顾炎武全集》（13），上海：上海方籍出版社，2011年，第586页。
④ （万历）《嘉定县志》卷六《物产》，万历三十三年（1605）刻本。
⑤ 《冯梦龙全集·警世通言》，第57页。

作品中的吕玉并没有经过多少谋划，一下手就是做棉花布匹生意，可见这在当时已是非常普遍的生意门路，收货的地方正是棉花布匹的生产中心"太仓嘉定一路"。吕玉不过是个初次做生意的小商人，他遇到的有大本钱的布商就将生意做到了北方山西。可见棉布的销路主要是北方地区。而《宋小官团圆破毡笠》里的宋金交了好运以后，在回故里寻亲的途中也是不忘贩布挣钱：

> 再说宋金住在南京一年零八个月，把家业挣得十全了，却教管家看守门墙，自己带了三千两银子，领了四个家人，两个美童，顾了一只航船，逞至昆山来访刘翁刘妪。邻舍人家说道："三日前往仪真去了。"宋金将银两贩了布匹，转至仪真，下个有名的主家上货了毕。①

可见贩布当为不错的买卖。而《张廷秀逃生救父》中的张权所开店铺做的也是售布生意，其儿张文秀遇难被救遇到的贵人也是布商：

> 且说河南府有一人，唤做褚卫，年纪六十已外，平昔好善，夫妻二人吃着一口长斋，并无儿女，专在江南贩布营生。一日正装着一大船布匹，出了镇江，望河南进发。②

可见自从宋代棉花传植中国，又经元代松江黄道婆从海南把纺织棉布的技术改进提升后带回家乡，棉布就作为百姓的日常衣料取麻布而代之。

从明代开始，由于苏南人口的迅速增长，同时也由于桑、棉等经济作物的大规模种植，稻米生产已经有所不足。宋代"苏湖熟，天下足"的农谚到了明代中后期已经变成了"湖广熟，天下足"，苏南地区甚至要从湖广等地输入粮食。正是在这样的背景下，明清

---

① 《冯梦龙全集·警世通言》，第316页。
② 《冯梦龙全集·醒世恒言》，第417页。

之际苏州的枫桥也就逐步成为江南最大的米市。而桑棉等经济作物生产面积的扩大，也进一步带动了苏南手工业和商品经济的发展，富裕的农村劳动力可以转化为城镇手工业、商业的人力资源。从整体上看，苏南地区的农业和手工业、商业有此消彼长的变化，这使得苏南地区的城商经济空前发展。苏南棉布的主要产地是嘉定和常熟，向有"嘉定布"与"常熟布"之称。苏南棉布大部分是通过运河北销。有人估计，明代后期松江、嘉定、常熟三地的棉布上市量估计不下 3000 万匹，而通过运河北销的棉布至少有 2000 万至 2500 万匹。而苏南棉布生产发达，本地产棉不足，这就需要到河北、山东等主要产棉区收购，大大加速了南北经济贸易的流转，繁荣了南北的城商经济。

  本文通过阅读和勾稽冯梦龙作品中有关河漕内容的一些细节，并与大运河文献史料进行比勘，力求还原、再现明代河漕文化的诸多侧面，呈现出大运河对于中国社会巨大影响之万一。以上三个方面的诠述多有不足，以期方家不吝指正。

（作者为苏州大学文学院教授、博士生导师）

解读冯梦龙大运河文学，传承冯梦龙大运河文化

陈来生

摘 要：冯梦龙通俗小说"三言"中有许多故事发生在运河沿岸，真实、生动地描摹了历史上运河的商贸活动和当时的社会经济状况。本文通过对"三言"的系统梳理与解读，解读故事发生地运河沿岸城市的政治、经济、文化、民俗等，以期对当今苏州的大运河文化建设起到启发和推动作用。

关键词：冯梦龙　运河　"三言"　文化启示

随着大运河文化建设的兴起，"冯梦龙与大运河"也逐渐进入人们的研究视野。仅是冯梦龙"三言"对明代运河流域城乡风貌、市井生活、商贾文化、爱恨情仇的描写，就可以让我们对大运河及其沿线城乡的政治、经济、文化、民俗进行相关探索和解读。苏州作为冯梦龙的故乡，自当充分保护、传承和利用好这一珍贵的文化资源。在文化复兴和大运河国家文化公园建设的背景下，对冯梦龙和大运河这样的世界级名人和遗产，我们要高度重视、充分挖掘和传承利用，打造好冯梦龙这张苏州历史文化的亮丽名片，做好做大"冯梦龙与大运河"文章，为苏州建设江南文化、打造"大运河最精彩一段"增光添彩。

一、大运河与冯梦龙大运河文学的梳理和解读

从小生长在运河之畔、深受运河文化浸染的冯梦龙，笔下反映运河风景、民俗、故事的篇章也精彩纷呈。如果把"三言"所反映的运河商贸活动放在当时的社会经济背景下加以系统梳理与解读，

可以对运河及其沿岸城市的政治、经济、文化、民俗进行全面探索和研究，也可对今日苏州的大运河文化建设起到启发和推动作用。

　　明成祖朱棣迁都后，国家的政治中心北移，南粮北运重启，作为南北运输的大动脉，京杭大运河成为最理想的纵向漕运线路。作为一条连通南北社会生活的交通要道，大运河又留下了历代官宦诗人、赴考举子及赴任省亲者、访友寻胜者，舟行运河南来北往的众多故事。很多重要的经济活动、政治事件和军事行动都发生在大运河沿线地区。冯梦龙出生、成长在苏州，除了四十余岁曾赴麻城讲学，晚年去寿宁当知县外，一生中绝大部分时间都在运河名城苏州度过，接触到了形形色色经由运河来苏州的人，谙熟许许多多的风土人情和掌故传说。这为其创作反映运河文化的"三言"提供了有利条件。可以说，运河文化孕育了"三言"中的大运河小说。

　　首先，大运河为冯梦龙小说提供了丰富的故事素材。苏州地处大运河沿岸，交通便捷，交往频繁，转运贸易发达，人口流动性很大，商品经济水平领先全国。冯梦龙深受运河城市及运河文化熏陶，能便利地接触到不同地区的不同人物和事情。参加中国大运河申遗并被批准列入《世界遗产名录》的共有35个城市，其中北京、天津、济宁、宿州、徐州、淮安、扬州、镇江、常州、无锡、苏州、湖州、嘉兴、杭州、绍兴等城市，加上前几年才从淮安分出来的宿迁，在冯梦龙20篇明代运河小说中都被提及，达到16个城市。大运河纵贯中国南北，尤其是江南运河和淮扬运河沿岸，各类码头、船闸、桥梁古建筑、传统民居、历史街区、水乡村镇及民俗风情、掌故传说等，给冯梦龙的大运河小说提供了丰厚的素材。运河成为冯梦龙讲述故事、描画人物的最佳场所。运河故事中的徽商、苏商、晋商常常奔波于运河之上，而官员从北京直接去往任所或回家探亲后再去任所，也大多选择水路。《警世通言》第十八卷《老门生三世报恩》中鲜于同在北京去浙江台州任知府，就是从京杭大运河抵杭州，再走浙东运河到台州上任的。京杭大运河最重要的一段是南起浙江杭州，北至江苏镇江的江南运河，这也是冯梦龙运河小说的主要场景地，尤以对苏州府的描述最多。就大运河苏州段而言，列入世界文化遗产的河道包括城区山塘河、上塘河、胥江、环古城河和苏州至吴江段京杭运河等河道，遗产点包括山塘街、虎丘塔、平江路、全晋会馆、盘门、宝带桥和吴江古纤道，冯梦龙运河故事的很多情节都与之有关，其中多篇发生在苏州府下属昆山、吴江及平望等县镇。《警世通言》第三十四卷《王娇鸾百年长恨》中，周廷章返回吴江时，为娇鸾留下了通信地址："思亲千里返姑苏，家住吴江十七都；须问南麻双漾口，延陵桥下督粮吴。"此后，娇鸾每次都在信封上题诗，如"此书烦递至吴江，粮督南麻姓字香；去路不须驰步问，延陵桥下暂停航"，第三次"荡荡名门宰相衙，更兼粮督镇南麻；逢人不用停舟问，桥跨延陵第一家"①。《警世通言》第十五卷《金令史美婢酬秀童》的故事则发生在昆山。

其次，大运河为冯梦龙小说提供了重要的叙事背景。运河、商业的迅速发展，使得当时社会经济发达，文化昌盛，思想开放，市民阶层迅速壮大，通俗文化较为普及，画谱戏本、举业范文、经商宝典、蒙童教育等的市场需求带动了刻书印刷业的发展，并使书籍价格大幅下降，从而更容易走进寻常市民家，通俗小说得以很好地生存和发展。冯梦龙创作、改编的通俗小说也因满足了商贾的旅途消遣和市民的文化需求而非常畅销。

短篇白话小说"三言"中依托运河讲述的明代故事共有20篇：《喻世明言》中的《蒋兴哥重会珍珠衫》《沈小霞相会出师表》；《警世通言》中的《吕大郎还金完骨肉》《苏知县罗衫再合》《金令史美婢酬秀童》《钝秀才一朝交泰》《宋小官团圆破毡笠》《玉堂春落难逢夫》《唐解元一笑姻缘》《赵春儿重旺曹家庄》《杜十娘怒沉百宝箱》《王娇鸾百年长恨》《况太守断死孩儿》；《醒世恒言》中的《钱秀才错占凤凰俦》《刘小官雌雄兄弟》《施润泽滩阙遇友》《张廷秀逃生救父》《张淑儿巧智脱杨生》《徐老仆义愤成家》《蔡瑞虹忍辱报仇》②。在这些小说中，赴任官员、赶考举子、商贾访客、船户水

---

① 魏同贤主编《冯梦龙全集·警世通言》，南京：凤凰出版社，2007年，第527页、530页、531页。
② 如果加上其他朝的，则还有《喻世明言》中的《张舜美灯宵得丽女》《李秀卿义结黄贞女》《李公子救蛇获称心》，《警世通言》中的《计押番金鳗产祸》《白娘子永镇雷峰塔》，《醒世恒言》中的《卖油郎独占花魁》《小水湾天狐诒书》，这些篇目都写到京杭大运河，特别是江南运河。

匪、怨妇掮客，登场于各种场景，演绎了种种故事。除了明确写到运河的之外，钝秀才马任在湖州、杭州寻友，杨小峰接张淑儿母女到扬州之类，虽没明说路径，但也可推知是走的运河。在"三言"中，有些只是为了介绍主人公的居住地而对运河有所提及，对全文发展并没有什么重大影响，如《玉堂春落难救夫》《况太守断死孩儿》等；有的则对情节的发展、人物性格的刻画和品质的揭示等具有重要作用，如《杜十娘怒沉百宝箱》对杜十娘怒沉百宝箱的描写，随着"数百金""数千金""莫能定其价之多少"的奇珍异宝的层层展示和"无不惊诧""观者如堵""齐声喝彩，喧声如雷"的旁观反应，金银珠宝一层又一层地被十娘"遽投之江中""尽投之于水""又欲投之于江"，十娘向滚滚运河果决地舍弃了没有结果的感情和因之而毫无价值的珍宝。

最后，大运河为冯梦龙小说提供了思想来源和主题立意。在当时特定的社会背景下，冯梦龙的思想既受正统儒家思想的影响，从小攻读四书五经，走仕途经济道路是他的最高理想；同时，他又深受李贽和市民思想观念的影响，任自然，反束缚，正视老百姓的物质追求和逐利行为，在文学观方面也主张真情实感，写出人的真实欲望。

冯梦龙笔下的大运河叙事，既展示了沿岸城乡社会经济发展的繁华景象，又反映了沿岸民众的生活风貌；既写出了民众纯朴、善良、厚道的一面，也揭露了他们对金钱色欲的追求、对变泰发迹的渴望等世俗乃至庸俗的方面。在《蒋兴哥重会珍珠衫》中，面对王三巧的出轨，蒋兴哥不是一味地埋怨、责骂，而是试图站在三巧的立场，反思正是由于自己常年不在家，留三巧独守空门，不能给予她家庭的温暖，才使她干出偷情的丑事，所以不但处理分手之事很顾及三巧面子，甚至还将 16 箱财宝尽数给她作为再嫁的嫁妆，最后二人破镜重圆。《宋小官团圆破毡笠》中的宋金虽然未被撺入水中加以陷害，而是岳父假装叫他下水推舟，将他扔在岸上遗弃，但是最后当宜春"除了孝服，将灵位抛向水中"时，正如宜春对宋金所说，虽然爹妈做了对不起宋金的事，但毕竟日前也帮过他，"今后但记恩，莫记怨"，过往的一切也都随水而逝。正因为有这样的认识和感悟,小说对人性的理解、对人情的把握、对情理的演绎还是比较透彻也比较切合实际的。

二、冯梦龙大运河文化的启迪和传承

(一)运河贸易与城镇盛衰的关系及其启示

明代中后期,随着运河的开通和运输条件的不断改善,运河沿岸兴起了很多工商业城市。其中既有历史悠久的城市,如苏州、扬州、南京等,原本就发展良好,大运河带来的繁盛贸易使之愈加兴盛,也有些城镇是借着大运河便捷的交通、产业的带动而形成并壮大的,如临清、济宁、德州、淮安等城市,以及盛泽、震泽、王江泾等专业化的工商业小镇,还有通州和天津之间的河西务,临清和济宁之间的张秋镇,都因地处运河中转地而发展为大城镇。新兴的县级以下城镇主要集中在丝棉手工业兴盛、工商业发达的江浙两省,如苏州吴江,千户以上的市镇就有平望镇(千家)、震泽镇(千余家)、同里镇(两千余家),盛泽镇更达万余家,浙江嘉兴府的濮院镇、新城镇也都达万余家。

北方将原料、瓜果等初级产品运往南方,南方又将丝织品、棉织品、铁器、漆器等较高级的产品运往北方。这样,南来北往形成了一个统一的国内市场,并通过大运河来完成这个完整的物流网络。大量商品和贸易机会极大地吸引了各地商人小贩及其他各类"趁食"者的汇集。但人口既是生产者,又是消费者。急剧增加的人口造成了粮食供给的问题,而大运河则正好解决了粮食运送的问题。如苏州枫桥镇,因其地当南北交通枢纽,水陆交通便捷,柴米牙行聚集,成为当时重要的囤粮之地。冯梦龙《蒋兴哥重会珍珠衫》等小说中多次提到枫桥这个粮米丝绵南北杂货集散分销的"脱货""发卖"之地。

近代以后,运河漕运逐渐衰败,运河的运输功能日弱,运河沿岸城镇也随之发展缓慢乃至衰落。苏州很多水乡古镇的兴盛衰落,也与水运交通有着密切的关系。可见交通运输和地理位置是发展经济的重要基础甚至重要前提。无论古今,发展社会经济都必须重视这一问题,同时还要考虑最为合适的交通方式。比如,水运在古代是最方便的,正如明人莫旦在弘治《吴江志》中所云:"江乡水国,惟舟楫是利。小河支港,屈曲旁通。故货物不艰于负戴,老稚不劳于步涉,所谓舟楫为车马是也。然车马劳苦而舟楫平稳,行卧住坐如意所适。"① 较之车马,舟船不仅轻松而且费用便宜。《刘小官雌雄兄弟》中有一段对话颇能说明这一事实:"刘奇道:'今日告过公公,明早就走。'刘公道:'既如此,待我去觅个便船与你。'刘奇道:'水路风波险恶,且乏盘缠,还从陆路行罢。'刘公道:'陆路脚力之费,数倍于舟,且又劳碌。'刘奇道:'小子不用脚力,只是步行。'"② 因为方便,所以《金令史美婢酬秀童》中昆山人金满起赃银,《宋小官团圆破毡笠》中昆山宋敦去苏州阊门外陈州娘娘庙进香,《赵春儿重旺曹家庄》中扬州人赵春儿带银两去城外曹家庄,《施润泽滩阙遇友》中施润泽一行去东山购买桑叶,都是乘船去的。苏州南濠(阊门)也因五条水道"五龙交汇"而繁华。运河水路运输的持久繁荣,促使很多沿河的客货物集散地迅速发展起来,成为聚集大量人流的市镇,并催生了店铺、茶肆、酒楼等服务业。川流不息的客货船只和纷至沓来的人流,使这些店铺的生意都做得风生水起。但在公路、铁路、航空运输兴起之后,水运就不再是唯一的,在很多地方也不再是第一的运输方式了。

我们要分析水乡村镇兴起的背景和原因,更要与时俱进,思考在水路已不再是主要发展依托的背景下,如何挖掘、传承和利用冯梦龙文化的富矿,借助国家大运河文化建设的东风,策划产品多元的大运河研学专项活动,拍摄曲折动人的冯梦龙大运河影视作品,宣传倡导党员和公务人员的廉洁勤政,开发冯梦龙运河文创产品,改编冯梦龙运河故事为数字动漫和电子游戏③,丰富文化内涵,增强传播动能,发挥冯梦龙拥有"海水流到哪里,作品就传到哪里"的海量"粉丝"的优势,将冯梦龙描述的运河故事和元素演绎成富有

---

① 转引自吴滔《清代日记所见江南地区的水运》,《华北水利水电学院学报》(社科版)2011年第1期,第20页。
② 魏同贤主编《冯梦龙全集·醒世恒言》,南京:凤凰出版社,2007年,第204页。
③ 如可以从《唐解元一笑姻缘》《杜十娘怒沉百宝箱》《况太守断死孩儿》等中萃取经典,加工提炼。

特色的文化产品大餐。

（二）苏式、苏作、苏样的独领风骚及江南文化的重启

到了明代中后期，资本主义经济逐渐冲破了土地限制，人口流动加剧，尤其聚集在东部运河沿岸地区。江南运河城镇的重要经济形式是手工业。人口的密集不但为需要精工细作的劳动密集型手工业提供了充足的劳动力，也促进了社会分工，使手工业得以向更深更细的方向发展，极大地推动了苏工、苏作的发展和提升。明代王锜《寓圃杂记》说，苏州"人材辈出，尤为冠绝"，而且"人性益巧而物产益多"①。以手工业的领头行业丝织业而论，苏州商品经济的兴盛离不开丝织业，丝织业商品化离不开大运河。苏州是明朝的丝织业中心，吴江盛泽镇更是其中的代表，每年生产出大量的丝织品，交易于全国市场。除了丝织业引领全国潮流外，苏州在这一时期的大部分时段内都位于城市体系的顶端，"可以说是整个帝国范围内，人口最多、最雅致，也是最繁荣的城市"②，因而几乎所有的苏式、苏样、苏意都成为时尚标准。《蒋兴哥重会珍珠衫》中，前往湖北经商的广东客商陈大郎头上就是"戴一顶苏样的百柱鬃帽"。正如明万历年间王士性《广志绎》所说："姑苏人聪慧好古……苏人以为雅者，则四方随而雅之；俗者，则随而俗之。"③ 万历年间做过吴县令的袁宏道说，苏州的"薄技小器，皆得著名"，且"器实精良，他工不及，其得名不虚也"④。在深厚文化底蕴、雄厚经济基础和众多巧匠共同支撑下的丝绸纺织、玉石雕刻、出版印刷、造园艺术影响广泛，苏作苏样、"苏式生活"几乎独霸明清社会！

就水运路线而言，不但有苏杭之间的"夜航船"，而且从《宋小官团圆破毡笠》中可见，当时从苏州阊门到昆山既有定时出发的航船，也可随时招呼小船，而且"天下船载天下客"，可以集散四

---

① 〔明〕王锜著，李剑雄校点《寓圃杂记》，见《明代笔记小说大观》，上海：上海古籍出版社，2005年，第325页。
② 〔美〕林达·约翰逊主编，成一农译《帝国晚期的江南城市》，上海：上海人民出版社，2005年，序言第3页。
③ 〔明〕王士性撰，吕景琳点校《广志绎》，北京：中华书局，1981年，第33页。
④ 〔明〕袁宏道《瓶花斋集》，见钱伯城笺校《袁宏道集笺校》，上海：上海古籍出版社，2008年，第730-731页。

方。作为全国商贸中心，苏州不仅充斥着本地及外地的各种商品，而且还有大量的外国商品。嘉靖时人郑若曾记述："自阊门至枫桥将十里，南北二岸居民栉比，而南岸尤盛，凡四方难得之货，靡所不有过者，烂然夺目。"① 据万历时利玛窦的描述："经由澳门的大量葡萄牙商品以及其他国家的商品都经过这个河港。商人一年到头和国内其他贸易中心在这里进行大量的贸易，结果是在这个市场上样样东西都没有买不到的。"② 明时来苏的朝鲜官员崔溥《漂海录》记载："苏州古称吴会，东濒于海，控三江带五湖，沃野千里，士夫渊薮，海陆珍宝，若纱罗绫缎、金银珠玉，百工技艺，富商大贾，皆萃于此。自古天下以江南为佳丽地，而江南之中以苏杭为第一州，此城尤最。"③ 这真实地反映了苏州繁荣的商贸经济，也为苏州江南经典城市的地位提供了又一佐证。

当下，随着长三角一体化发展战略的加快推进，江南文化建设已然重启。今天，要在传承与创新中彰显苏州的文化力量，首先就要重视市场化程度和市场化运营，研究其供应链。明朝苏作雄厚的商业资本没有再生产的投资路径、动力和制度保障，再多的资本也只能白白消耗在浮世的晚风中，这是历史留下的一大教训。④ 其次，明代传承下来的众多珍贵的苏工、苏作，许多留下了工匠的名字，这一方面显示了把一切都做到极致的工匠精神，另一方面反映了市场运作的规范和负责任的态度。

今日的江南文化建设，大运河文化开发利用，一定也要有士林、商贾、市民各界的倾情投入，才能形成有群众基础和市场前景的文化大产业；既要有文旅融合的理念，还要有精细雅致的工匠精神，

---

① 〔明〕郑若曾著，傅正、宋泽宇、李朝云点校《江南经略》，合肥：黄山书社，2015年，第144页。

② 〔意〕利玛窦、〔比〕金尼阁著，何高济、王遵仲、李申译《利玛窦中国札记》（下册），北京：商务印书馆，2017年，第24页。

③ 〔朝鲜〕崔溥著，葛振家点注《漂海录：中国行记》，北京：社会科学文献出版社，1992年，第108页。

④ 傅衣凌先生在《明清时代商人及商业资本》中指出："洞庭人借着工艺品和特产品的输出，很容易成为一个商业资本家；但结果却受着自然环境和社会条件的限制。这商业资本并不能转化为工业资本。"（人民出版社1956年版，第102页）当时洞庭人或购置土地，或货币窖藏，或奢侈消费，或捐输和捐纳，仅有小部分商业资本流向生产领域。

才能奠定文化遗产保护和传承的坚实基础。就"运河十景"建设而言，有多次出现在小说故事中的枫桥、平望、望亭等，可以突出枫桥柴米牙行集聚，平望"四河汇集"，望亭的吴门第一亭和"稻香小镇"的特色，结合小说的描写和今日文旅开发的需要加以挖掘与利用。对苏州大运河沿线"运河十景"之外富有内涵和特色的文化资源也可加以梳理传承并开发打造。如《王娇鸾百年长恨》中提到的吴江垂虹桥，原有500多米、72孔，三起三伏，环如半月，长若垂虹，桥两岸多有商铺酒肆，明人莫旦在弘治《吴江志》中盛赞其蜿蜒夭矫，如老龙卧波，长虹饮海，真海内之奇观、吴中之胜景！今虽只有遗址，却也是颇值得开发利用的。此外，可以根据冯梦龙小说对明代商业生态的描述，依托现有设施，在冯梦龙村或望亭驿策划明代风格的文旅商业街区，集中演绎冯梦龙运河小说故事场景，让游客体验明代大运河商旅文化，并供冯梦龙大运河影视拍摄之用。还可将冯梦龙运河小说中具有特殊文化意象的人物、故事和景物，如讲述明代苏州文化名人唐寅风流韵事的《唐解元一笑姻缘》中的"三笑"故事等，在平望至苏州的大运河相应沿岸以雕塑、小品和名人名言牌等形式表现出来，打造"江南运河遗产最精彩的一段"。

（三）统一市场、钞关减税、亲商环境及其现代启示

明清以来，苏州作为"昌明隆盛之邦，诗礼簪缨之族，花柳繁华之地，温柔富贵之乡"，一直承担着很重的税负。顾炎武《天下郡国利病书》说，明初苏州上缴的税粮不仅和浙江全省相当，而且几乎占了全国的十分之一。这样的经济体量，只有靠包容天下、海纳百川的格局成为"天下大码头"，才有可能。

成为"天下大码头"，大运河起着极其重要的作用。畅达的交通带来了繁荣的贸易和丰足的税源，国内统一市场在大运河的基础上更快地运转起来。大运河作为最重要的商品流通干线，全国八大钞关除了长江上的九江关外，其余七个均在运河上，分别是崇文门、河西务、临清、淮安、扬州、北新和苏州的浒墅关。清康熙年间刘献廷在《广阳杂记》中记述了当时四座全国"一线城市"的分布态

势,"天下有四聚,北则京师,南则佛山,东则苏州,西则汉口"①,然而东部城市竞争激烈,苏州周边还有芜湖、扬州、江宁、杭州以分其势。这虽是清初景象,却也可据此推测明朝中后期江南商业市场的大体格局。作为全国人口密度最大的府州,苏州集聚能力强大。正如《警世通言》第二十六卷《唐解元一笑姻缘》中所云:苏州六门中阊门最盛,"真个是:翠袖三千楼上下,黄金百万水东西。五更市贩何曾绝,四远方言总不齐"②。这段描写真实反映了运河带来的交通顺畅、贸易繁荣、人员汇集、远近咸达之情形。明代徽州士子叶权在《贤博编》中罗列了当时全国十大码头,苏州一地就独占枫桥、南濠(阊门)两处,还不算阊门西北三十里的国家级钞关浒墅关。通过运河来往苏州的商船昼夜不息,苏州也因此成为天下商贾会聚的"大码头"。《蒋兴哥重会珍珠衫》中,讲述湖北商人蒋兴哥常年在广东经商,"久闻得'上说天堂,下说苏杭',好个大马(码)头所在,有心要去走一遍",而"那枫桥是柴米牙行聚处,少不得投个主家脱货"③。至于阊门南濠山塘大码头,更是商人会馆云集④。

作为丝、棉织造业大市,苏州城东没有城西商业区的喧闹,是机户生产的"工业区"。对应全国棉花棉布生产中心太仓、松江,苏州城东北的娄门乃是重要的商路起点;而对应湖州丝绸商品大码头,苏州城南吴江地区运河沿线则形成了重要的江南市镇群,如平望号称"小枫桥",盛泽号称"东方第一绸都"。各地商贾以苏州为中心,逐渐形成了强大的商人利益集团,许多家族经商与科举并举,成为江南名门望族,如徽商落户苏州的"贵潘",明万历年间弃儒从商的宁波商人孙春阳。商帮竞技苏州,"遍地徽商",而本土商帮也很了得,有"钻天洞庭"之美誉。

苏州能吸引众多外商,除了大运河的便利、物产的丰饶外,还

---

① 〔清〕刘献廷撰,汪兆平、夏志和点校《广阳杂记》,北京:中华书局,1957年,第193页。
② 魏同贤主编《冯梦龙全集·警世通言》,南京:凤凰出版社,2007年,第398页。
③ 魏同贤主编《冯梦龙全集·古今小说》,南京:凤凰出版社,2007年,第22页。
④ 山塘街上的全晋会馆后来迁移到了平江路,如今已被列为大运河世界文化遗址点。

与政府亲商的政策环境密切相关。明朝商税是为以丰补歉而额外增收的，但各地做法不同，有的宽松便商，有的则乘机乱收税。苏州政府为给各地商帮一个良好的营商环境，竭诚做好服务，整治贸易秩序，保护生态环境，保证商会正常运行，而且税收优惠，只对坐贾收取类似现在门店定额税的"门摊"，而对"客货不税"，因而"商贾益聚于苏州，而杭州次之"。万历十七年（1589）状元焦竑在书信中赞扬了苏州一位杨姓官员让利于商民的做法："盖国初原无钞关，后之增设，不得已而济匮，非其正也。往杨止庵公在浒墅半岁，以后正课既盈，咨商往来，不复榷税，一时颂声满于吴中……"① 对此，范金民先生评述说："不征商品税，特别有利于行商，促进了商品的流通。"②

正是这种对商贸经济的开放包容姿态，使苏州在丝绸、棉布、印染、纸张、书刊刻印、铜铁器等多种行业上引领全国，甚至酒类、油类、酱园等副食品加工业也独树一帜。也是这种亲商做法，才使苏州能在今天有那么大的经济发展成就。所以，任何时代社会经济的发展，亲商、亲民都是必不可少的。同时，这还说明了一点，那就是地位和尊重是靠自身的努力与实力打拼出来的，今日苏州经济的发展同样证明了这一点！

（四）长年经商在外对传统思想和家庭观念的冲击及其思考

明中后期出现的资本主义萌芽，使"父母在不远游"的传统思想受到前所未有的冲击，越来越多的人开始弃文经商、离家远行。长年经商在外，会给原来的生活模式带来不小的冲击，首当其冲的就是家庭婚姻关系。运河上的商贾，很多是长途贩运者。例如：《钱秀才错占凤凰俦》中苏州西山的高赞"少年惯走湖广，贩卖粮食"。《蒋兴哥重会珍珠衫》中的蒋兴哥是湖广襄阳人，九岁开始就随父亲去广东做买卖，回程从广东贩些东西到苏州发卖；陈大郎是徽州新安县人，专程到湖北襄阳贩籴米豆之类，然后由水路南下到苏州枫

---

① 〔明〕焦竑《澹园集》，见谢国桢编《明代社会经济史料选编》（下），福州：福建人民出版社，1980年，第261页。
② 范金民《国计民生：明清社会经济研究》，福州：福建人民出版社，2008年，第130页。

桥脱货。他们都是常年在外的。《吕大郎还金完骨肉》中的吕玉是江南无锡县人,因走失了孩子,就往太仓、嘉定一路,收些棉花布匹,各处贩卖,就便访问儿子消息,虽然路不太远,但每年正二月出门,到八九月回家,也要大半年。后在中途遇了个大本钱的布商,就同往山西脱货,离家时间更长。

　　分别日久,在外寂寞,就容易发生情变,繁华市镇上的众多酒肆歌楼更容易催生婚变。如《蒋兴哥重会珍珠衫》中,薛婆子在诱骗三巧儿时,饮酒中间,"问道:'官人如何还不回家?'三巧儿道:'便是算来一年半了。'婆子道:'牛郎织女也是一年一会,你比他到多隔了半年,常言道:一品官,二品客,做客的那一处没有风花雪月?只苦了家中娘子。'三巧儿叹了口气,低头不语。婆子道:'是老身多嘴了。今夜牛女佳期,只该饮酒作乐,不该说伤情话儿。'说罢,便斟酒去劝那妇人。"① 分别日久的寂寞、不甘,心里的悸动跃然纸上。同样,《吕大郎还金完骨肉》中的吕玉,经商到山西,发货之后一时讨不到赊账,不能脱身,虽然夫妻情深,但单身日久还是忍不住去了青楼,惹出一身风流疮,服药调治,无颜回家。

　　运河上每天发生的形形色色的故事,起因不外乎家庭、友情,抑或欲念、贪婪,五花八门,但主因还是经济。中国是一个以家庭为中心、以孩子为核心的社会,家国一体,大国小家。但资本主义经济发展带来的冲击,从根本上颠覆了传统的思想观念,破坏了原来的社会秩序,引发了很多新的问题和矛盾。有些问题,比如对两地分居及其容易引发的问题,对独居老人的照顾,即使是今天的我们也应重视并推出因应之策。而经济发展起来了,有些人就可以就近就业,不必离家打工,远出者也可朝发夕归,或在需要时以一日千里甚至更快的速度解决相思之需或探视老人,很多问题就能迎刃而解。

　　不过需要提请注意的是,这个发展应该是真正的发展,是从内到外、物质与精神相匹配的发展。还是以明朝中后期为例,当时人们追求"独抒性灵"和"适情悦意",思想越来越解放,连之前深

---

① 魏同贤主编《冯梦龙全集·古今小说》,南京:凤凰出版社,2007 年,第 18 页。

居闺阁的很多妇女都冲破足不出户的禁律,出门游玩。《广志绎·两都》记载,"都人好游,妇女尤甚","每每三五为群,解裙围松树团坐,藉草呼卢"①,甚是狂放。明末清初小说《照世杯》写得更是传神:"我们吴越的妇女,终日游山玩水,入寺拜佛,倚立门户,看戏赴社,把一个花容粉面,任你千人看,万人瞧。他还要批评男人的长短,谈笑过路的美丑,再不晓得爱惜自家头脸。"② 在嘉兴,更有一种在传统眼光看来近乎淫靡的现象:莺泽湖中"多精舫,美人航之,载书画茶酒,与客期于烟雨楼。客至,则载之去,舣舟于烟波缥缈……若遇仙缘,洒然言别,不落姓氏"③。这种情形在传统农业社会背景下是不可想象的,但当时浸润于市民氛围的人们对这种风流韵事竟然见怪不怪,甚至还刻意追求这种浪漫情调,"间有倩女离魂、文君新寡,亦效颦为之"④。这种大突破,既与明代中后期人们开始摆脱传统思想的牢笼,倡求"目极世间之色,耳极世间之声,身极世间之鲜"(袁宏道)、"极声妓之乐"(唐伯虎)的感官享受的社会思潮遥相呼应,也与商业经济冲击,外出商人数量激增,商妇独守空房难耐寂寞有关。究其深层动力,还在于新兴商业文化和市民习俗的影响。

但同样是在倡求自由的明朝中后期,却出现了禁抑自由言行的举动。苏州虎丘每逢八月十五中秋之夜,各色人等无不鳞集,对传统社会及其礼仪规范形成极大的冲击,以至于引发苏州官府出面干涉,于隆庆二年(1568)十月在虎丘二山门断梁殿前勒石示禁:"照得虎丘山寺往昔游人喧杂,流荡淫佚,今虽禁止,恐后复开,合立石以垂永久。今后除士大夫览胜寻幽超然情境之外者,住持僧即行延入外,其有荡子挟妓携童、妇女冶容艳装来游此山者,许诸人拿送到官,审实,妇人财物即行给赏。若住持及总保甲人等纵容不举,

---

① 〔明〕王士性著,周振鹤编校《王士性地理书三种》,上海:上海古籍出版社,1993年,第258页。
② 〔清〕酌元亭主人编《照世杯》,北京:团结出版社,2016年,第222页。
③④ 〔明〕张岱著,成胜利点校《陶庵梦忆 西湖梦寻》,长沙:岳麓书社,2016年,第73页。

及日后将此石毁坏者，本府一体追究。"①这既说明了市场经济冲击和观念更新的不彻底性，也反证了当时商品经济发展尚不足以彻底推翻传统思想观念，更充分表明真正的发展才是颠扑不破的硬道理。

（五）诚信有好报、勤劳能致富的劝诫及其警示

冯梦龙的小说，正如他在《醒世恒言》序言中对"明言""通言""恒言"这"三言"的解释："明"可以导愚，"通"可以通俗，"恒"则习之而不厌、传之而可久，是以大众喜闻乐见的故事形式，传递惩恶扬善的劝诫之意。"三言"中"富贵本无根，尽从勤里得。请观懒惰者，面带饥寒色""刻薄不赚钱，忠厚不折本""做事必须踏实地，为人切莫务虚名"等名言和故事，故事结局中透出的醒世、警世以及张扬的正义，对现实世界有教化、警示意义，即使在今天也是有时代价值的。

一是褒扬诚信经商、与人为善。如《吕大郎还金完骨肉》中的吕玉，为寻子走南闯北，经历千辛万苦，因捡到陈朝奉所丢银两，不为所动，归还之际，在陈家巧遇失散儿子。而在《施润泽滩阙遇友》篇中，更以大量篇幅巧设情节，叙述施润泽拾金不昧终得好报的故事，强化"好心有好报"的信念。《刘小官雌雄兄弟》中的刘小官兄弟"少年志诚，物价公道，传播开去，慕名来买者，挨挤不开。一二年间，挣下一个老大家业"②，都是诚实经营，将生意做得红红火火。

二是宣扬经商有道、勤劳致富。《徐老仆义愤成家》中的徐老仆从杭州雇船到苏州卖漆，又从枫桥买籼米到杭州出脱，精打细算，辛勤奔波，掌握了"货无大小，缺者便贵"的经商之道，通过两头带货、低买高抛获利。《宋小官团圆破毡笠》中，已经成为南京城里赫赫有名富商的宋小官，从昆山去仪真寻亲，还不忘买布匹带去销售。《施润泽滩阙遇友》中，施润泽从只有一张绸机到几年间增上三四张绸机，再后来发展为三四十张绸机的大机户，体现了普通织户如何通过勤劳节俭、经营有道而发展起来的。

---

① 王国平、唐力行主编《明清以来苏州社会史碑刻集》，苏州：苏州大学出版社，1998年，第565页。

② 魏同贤主编《冯梦龙全集·醒世恒言》，南京：凤凰出版社，2007年，第207页。

三是严惩贪财恋色、作恶杀人。如《张廷秀逃生救父》中陷害廷秀父子的赵昂、杨洪、杨江被捕后各打六十，依律问斩，两个帮手各打四十，拟成绞罪。《苏知县罗衫再合》中谋害苏知县一家的凶徒徐能一伙，均被依律处决，其家财籍没为边储之用。《蔡瑞虹忍辱报仇》中匪首陈小四一伙俱被问罪伏法。《杜十娘怒沉百宝箱》中，当杜十娘纵身跳江后，旁观之人都咬牙切齿，争欲拳殴李甲和那孙富。李、孙虽然分别逃去，结局却是李甲终日愧悔，郁成狂疾，终身不痊；孙富病卧月余，终日见杜十娘在旁诟骂，奄奄而逝。《王娇鸾百年长恨》中负约的周廷章，在堂上被乱棍打死，"满城人无不称快"。值得一提的是，与《金玉奴棒打薄情郎》中将妻子金玉奴推入江中的负心郎莫稽的结局相比，明代运河故事中有相近情节的坏人都受到了严惩，而宋朝背婚弃妻、蓄意杀妻的莫稽仅是在新婚夜被金玉奴棒斥而已，而且最后二人还能"相谐如初"，实在太过轻描淡写。或许是明代随着运河经济的繁荣，利用运河水道谋财害命的案例增多，再加上明后期贪图享乐之风盛行，贪婪、攀比、炫富日益成为社会的顽疾。冯梦龙为示惩戒，遂在小说中对涉及水上犯罪者一概施以重惩。当然也有宋朝故事本来如此，冯梦龙尊重原作的因素。

相城区冯梦龙村作为冯梦龙故乡，目前冯梦龙文化建设尤其是廉政建设已经具有相当规模，并且形成了很大的影响力。未来，可在冯梦龙书院增设"冯梦龙与运河"的主题馆，梳理、展示冯梦龙作品中大运河文化的元素和魅力，以塑像、图片为主，辅以精彩有趣的说明文字，反映冯梦龙运河小说中的故事情节和运河环境，并结合廉政教育，强化冯梦龙大运河故事的教化功能，张扬其中与社会主义核心价值观相符的内容，惩恶扬善，倡导正能量。

参考文献

[1] 魏同贤主编《冯梦龙全集》，南京：凤凰出版社，2007年。

[2] 简雄《苏州：文化记忆最江南》，《苏州日报》2019年8月26日。

[3] 简雄《明清史料笔记中的苏州大市场》，《苏州日报》2020年9月4日。

[4] 马亚中等《冯梦龙小说中的大运河研究》（研究报告未刊本）。

［5］谭正璧编《三言二拍资料》，上海：上海古籍出版社，1980 年。

［6］胡士莹《话本小说概论》，北京：中华书局，1980 年。

［7］谢国桢《明代社会经济史料选编》，福州：福建人民出版社，1980 年。

［8］傅崇兰《中国运河城市发展史》，成都：四川人民出版社，1985 年。

［9］陆树仑《冯梦龙研究》，上海：复旦大学出版社，1987 年。

［10］韩大成《明代城市研究》，北京：中国人民大学出版社，1991 年。

［11］范金民、金文《江南丝绸史研究》，北京：农业出版社，1993 年。

［12］陈大康《明代商贾与世风》，上海：上海文艺出版社，1996 年。

［13］张海英《明清江南商品流通与市场体系》，上海：华东师范大学出版社，2002 年。

［14］陈璧显主编《中国大运河史》，北京：中华书局，2001 年。

［15］范金民主编《江南社会经济研究·明清卷》，北京：中国农业出版社，2006 年。

［16］傅衣凌《明代江南市民经济试探》，北京：中华书局，2007 年。

［17］赵维平《明清小说与运河文化》，上海：上海三联书店，2007 年。

［18］陈桥驿主编《中国运河开发史》，北京：中华书局，2008 年。

［19］范金民《明清地域商人与江南文化》，《江海学刊》2002 年第 1 期。

［20］张强《京杭大运河中心城市的形成与辐射》，《淮阴师范学院学报》2008 年第 1 期。

［21］《中国地方志集成·苏州府志》，南京：江苏古籍出版社，1991 年。

［22］《中国地方志集成·江南通志》，南京：江苏古籍出版社，1991 年。

（作者为苏州科技大学教授，苏州冯梦龙研究会副会长、苏州专家咨询团成员）

"三言"的运河元素与江南风情

柯继承

摘　要：冯梦龙对大运河的描写以及对以苏州为主的江南城乡的经济文化、民俗风情的精细描绘，较为集中地反映在他所创作、改编的通俗小说"三言"中。"三言"汇聚的大量历史与现实"故事"，又经过历代改编、加工、再植，甚至是文学艺术上的"移位"，有了进一步的发展，越来越呈现出鲜明的地域风情与特色。冯梦龙经典作品的阐释及文化普及活动，对于京杭大运河的开发、保护和利用具有重要意义，更为打响"江南文化"品牌提供了新的视角。

关键词："三言"　大运河　开发　利用

编纂和出版小说总集"三言"即《喻世明言》《警世通言》《醒世恒言》，是明代杰出的通俗文学家、卓越的平民教育家冯梦龙的一大重要文学成就及贡献。

冯梦龙对话本小说的编纂与改写，是他的以社会教化为中心的先进文艺观的实际体现与自觉行为，所谓"足以佐经书史传之穷"，"说孝而孝，说忠而忠，说节义而节义，触性性通，导情情出"①，"以《明言》《通言》《恒言》为六经国史之辅"②。近年来，对冯梦龙的研究无论是在广度上、高度上，还是在深度上，总体上已迈入了一个新的阶段；"三言"文本的时代特色，"三言"在小说艺术上的发展与创新，这些话题引起了很多"冯学"爱好者、研究者的关

---

① 魏同贤主编《冯梦龙全集·警世通言》，南京：凤凰出版社，2007年，第663页。
② 魏同贤主编《冯梦龙全集·醒世恒言》，南京：凤凰出版社，2007年，叙1-2页。

注和探讨。结合近年来学界关于大运河文化和江南文化的讨论，我们惊喜地发现，"三言"中的运河元素与江南地域风情比比皆是，也有深入探讨的必要。

冯梦龙把许多发生在运河沿岸的历史与现实的"故事"，改编、收集在他的"三言"中，之后，在流传的过程中又经过历代自觉或不自觉的改编、加工、再植，甚至是文学艺术上的"移位"，有了进一步的发展，越来越具有鲜明的地域风情与特色，也为我们探讨京杭大运河及江南文化提供了新视角。

众所周知，"三言"中，除了宋元话本以及明人话本与拟话本外，有相当一部分是冯梦龙自己创作的作品，尽管120篇目中哪些是话本，哪些是拟话本，哪些是冯梦龙本人的创作，今已难以逐篇确定，但"三言"既然是冯梦龙编辑加工的，则许多篇章的"前世今生"都有了很大变化；冯梦龙通过艺术改编与发展，迎合了更多读者的喜好与需要。后人又借助冯梦龙家乡——以苏州为中心的江南文化其他艺术手段与形式，把"三言"中的许多故事演绎开来，甚至最终成了新的艺术经典。

一

"三言"中具有明显运河元素的作品不在少数。《醒世恒言》第十卷《刘小官雌雄兄弟》一开头就干脆直书主人公家住"运河之旁"，以后的喜怒哀乐故事就都在运河上下各城镇展开。其《喻世明言》第三卷《新桥市韩五卖春情》中，开篇就提到隋炀帝开汴河一千余里，所谓"千里长河一旦开，亡隋波浪九天来"。第十二卷《众名姬春风吊柳七》中，提到宋代词人柳永借运河之道过苏州，到浙江余杭为官，任满后又借运河、长江还京，故事也多发生在运河航途中。在《警世通言》中，有第五卷《吕大郎还金完骨肉》、第十五卷《金令史美婢酬秀童》、第二十二卷《宋小官团圆破毡笠》、第二十四卷《玉堂春落难逢夫》、第二十五卷《桂员外途穷忏悔》等，或直接讲发生在苏州的故事，或讲从南京沿运河到北京，又从北京乘船回南京一路上发生的故事，等等。

我们不妨另捡数篇更脍炙人口的，略予剖析。《醒世恒言》第四卷《灌园叟晚逢仙女》，讲的就是发生在江南运河名城苏州的故事。故事说苏州葑门有个喜欢栽植花卉的孤独老人，姓秋，名先。他精心栽培了一个百花园，终日以种花赏花为乐。恶霸张衙内要霸占花园，秋先不肯，恶霸不仅将花园里的花卉打得稀烂，还串通官府陷害秋先。幸亏花仙子们暗中使力，还原了花园，惩罚了恶霸。情节并不曲折，叙述的也只是"恶有恶报，善有善报"及"惩恶扬善"、带有神话色彩的故事，却显得生动有趣，在谈趣中说事明理，并深刻反映了明代苏州的社会风情与民生（尽管故事背景放在了宋代）。小说里讲，秋先住在"江南平江府东门外长乐村"，"离城只有二里之远"，秋先花园"篱门外，正对着一个大湖，名为朝天湖，俗名荷花荡。这湖东连吴淞江，西通震泽，南接庞山湖"①。熟悉苏州的读者一看就明白，这不就是苏州城东南一带吗？苏州在宋代称平江，东门即指葑门，朝天湖就是葑门外著名的黄天荡别名，黄天荡近年虽然已填没，但朝天桥仍在。这个秋先的百花园描摹的可不就是苏州明代的园林吗？南北大运河的开通、漕运的畅达，使得通江连海的苏州在明代成了贯通四海的交通枢纽，万商云集，车船辐辏，商肆繁荣。正是因为当时的苏州经济文化高度发展，许多隐退官吏及豪门富翁，争先恐后在苏州这个"富贵风流"之地建造园林，使得明代苏州园林建造蔚然成风。许多园林建成不久又常被更强势的豪门霸占，如著名的葑门吴宽东庄、韩雍葑溪草堂等，被官居浙江参议的徐廷祼占有（故后人称"徐参议园"）；阊门上塘街的徐氏紫芝园被官居少詹的项煜占据（故称"项家花园"）等。故事还罗列了"四时不谢八节长春"的百花园中的许多花名，画龙点睛般描绘与反映了百花园附近民众（乡邻）对社会事件的态度及人情百态。

有意思的是，《灌园叟晚逢仙女》后被收入《今古奇观》，一直为人们津津乐道。1956年，又被摄制成电影《秋翁遇仙记》，受到广大观众的欢迎。而当年摄制影片时，许多镜头就在苏州城乡直接摄录。

---

① 魏同贤主编《冯梦龙全集·醒世恒言》，南京：凤凰出版社，2007年，第75－76页。

《醒世恒言》第七卷《钱秀才错占凤凰俦》，讲到苏州太湖，明确提到了"钻天洞庭"一词。这里的"钻天洞庭"主要指太湖洞庭东、西山的商人，他们不同于徽商、晋商之处，除了主要经营的货物不同外（徽商、晋商主要经营盐业和典当行业，洞庭商人主要贩运运河江南段及太湖流域盛产的米粮和丝绸布匹），经营的手段也大相异趣，洞庭商人主要是利用来往于江湖运河以及水网密如蛛网的小河流的船只营销货物，而且通过运河的通江接海，面向外部世界，开辟各种实业、买办及金融实体，利用得天独厚的经商条件，不断更新观念与手段，为此获得了"钻天"的称号。

至于第十八卷《施润泽滩阙遇友》，主要描写的是苏州的市民生活。主人公施复（字润泽）是苏州府吴江盛泽镇人，他是个做买卖的小商人，为人善良，不仅拾金不昧，而且不滥杀生，不轻易占人便宜，避凶趋吉，终于发迹致富。故事通过具体描写，反映了明代末期江南特别是苏州商品经济迅猛发展的社会场面及历史画面。作品一开头是这样叙述的：

> 说这苏州府吴江县，离城七十里，有个乡镇，地名盛泽。镇上居民稠广，土俗淳朴，俱以蚕桑为业。男女勤谨，络纬机杼之声，通宵彻夜。那市上两岸绸丝牙行，约有千百余家，远近村坊织成绸匹，俱到此上市。四方商贾来收买的，蜂攒蚁集，挨挤不开，路途无伫足之隙，乃出产锦绣之乡，积聚绫罗之地。江南养蚕所在甚多，惟此镇处最盛。①

盛泽至今仍是我国的"丝绸之都"，是大运河上的明珠和苏州的骄傲。四百年前冯梦龙笔下的这段描写，把当时"日出万匹，衣被天下"，已是中国重要的丝绸生产基地和产品集散地的盛泽，活灵活现地呈现在读者面前了。如今读者看了以上文字，真不知感觉是"穿越了几百年历史"，还是如同目睹了一幅当代的立体照片？

同样，第二十卷《张廷秀逃生救父》，讲述了明代时江西木匠张

---

① 魏同贤主编《冯梦龙全集·醒世恒言》，南京：凤凰出版社，2007年，第352页。

权夫妇离开故土，迁移到苏州，以做木作度日，又接连生下两个儿子张廷秀、张文秀。日子过得顺溜，不料遇到天灾人祸，张廷秀弟兄四处奔走诉冤，最终历尽磨难，全家团圆。小说是以争夺家庭财产的继承权为导火线而展开的，其中包括了骨肉相残，亲族反目，尔虞我诈，展示了当时财产支配着人际关系的世态人情，抨击了封建礼教的虚伪和封建社会财产私有制的罪恶，同时它真实地反映了当时的社会现实，既暴露了官府爪牙的凶残、阴险，又塑造了新兴市民张权、张廷秀等劳动者的形象，歌颂了新兴市民忠厚善良及对邪恶势力不屈不挠的抗争精神。这则小说尽管情节复杂，却完全以运河沿线城市为背景，如张权夫妇在苏州的木作店位于阊门外皇华亭，而张廷秀丈人王员外则在阊门内天库前开了个玉器店等。故事的起始、发展，主要在苏州阊门内外展开，后来的各种事件又先后分别在镇江、南京、北京、常州等地演化。可以说，这个故事反映了南北大运河上的各种社会世态、民生境况与社会风情。

市民"代表"张廷秀弟兄对邪恶势力的斗争取得完胜，凭借的是读书、考试，最后通过科场中举为官，从而昭雪冤狱。与此不同，比张廷秀弟兄社会地位更低下的卖油郎秦重的故事，更深刻地反映了运河沿线发达地区市民阶层的觉醒。秦重是《卖油郎独占花魁》（《醒世恒言》第三卷）中的主人公，他仰慕才貌双全、名噪京城，被称为"花魁娘子"的名妓王美娘。秦重对王美娘的感情是真诚的，王美娘是他心目中的"女神"。王美娘平日相处的，正如她自己所说："都是豪华之辈，酒色之徒，但知买笑追欢的乐意，哪有怜香惜玉的真心？"通过几次接触，她见秦重"是个志诚君子"，认为他才是自己的终生依靠。王美娘与卖油郎秦重之间的爱情故事，贴近社会底层和日常生活，侧重于对人性和情欲的尊重，特别是有意抬高货郎的身份，无形中降低了其他话本小说描绘的才子佳人、英雄红粉故事中文人的地位。小说表面上把故事时间放在南宋初期，其实写的是明代人生活，真实反映了运河沿线城市（文中或明或暗地提到了苏州、常州、嘉兴、湖州、杭州等地）市民中萌动的追求平等、自由新观念和挑战传统观念的勇气与力量。

二

"三言"中有些篇目故事，经过几百年的流传与发展，目前的通行"版本"与原来的有了很大变化，促进这些"变化"的，恰恰是其中的大运河元素及江南文化因子。

例如，《警世通言》第二十六卷《唐解元一笑姻缘》，讲述的是著名的唐伯虎点秋香的故事。在冯梦龙作品中，"点秋香"一说已经有了，只是尚未凑满三笑，只是一笑，即除了秋香在画舫上，见唐伯虎倚船窗独酌，不觉嫣然一笑外，接下来就没有"笑"了。冯梦龙记下了这千古"一笑"，以后，故事在流传过程中得到进一步丰富，平添了不少情节，最后将"一笑"变成"三笑"。后来，故事发展出多个版本，如：秋香上虎丘观音庙进香见唐伯虎有"笑"；唐乘船追踪，被秋香泼水，秋香有"笑"；秋香回到无锡华府门口，回头见了跟踪而来的唐，又"笑"；等等。各说各的，反正是"三笑"。所谓"一笑倾城，二笑倾国，三笑倾我心"，最后形成了弹词《三笑姻缘》，成了经典。在冯梦龙故事基础上生成的经典《三笑姻缘》中，运河是一条红线，不仅串起了点秋香的故事，也把运河江南段的风俗人情演绎开来了。

《警世通言》第二十八卷是《白娘子永镇雷峰塔》，讲的是中国四大民间传说之一的白蛇传故事。白蛇传故事有着悠久的形成发展史，最早起源于唐朝，唐宋时期已在市井流传，起先是口头相传，后来以戏曲、小说、评话等方式演化。《白娘子永镇雷峰塔》原是宋代话本，但经冯梦龙整理加工，编入《警世通言》，基本定型。最初，白娘子其实是一个令人憎恶、令人生畏的女妖形象，几经演化，在《白娘子永镇雷峰塔》中，则变成一个具有浓厚人情味，大胆勇敢追求人间幸福生活的正面形象。白蛇传故事也因此由精怪妖法惑人、害人的妖精故事，演变成了一个具有一定社会内涵的人妖恋爱故事。

白娘子爱着许宣（仙），在竭力谋划与许仙幸福生活的过程中，先后八次遭到封建道统势力的干涉和阻挠，但白娘子不畏强暴，不怕牺牲，顽强勇敢地、坚决地进行斗争。由于以法海为代表的封建势力的格外强大和许宣的软弱、屈从、动摇，白娘子被永镇在雷峰塔下，造成男女主角的悲剧命运。

后世以《白娘子永镇雷峰塔》为基础演化定型的白蛇传故事，已是家喻户晓，并以各种艺术形式在民间广泛流传。故事大致包括了篷船借伞、白娘子盗灵芝仙草、水漫金山、断桥相会、白娘子被镇雷峰塔、许仙之子仕林祭塔、法海遁身蟹腹以逃生等情节。白娘子形象也更加丰满动人，故事主题更具爱憎分明的朴素的是非观。逮至清代乾隆、嘉庆年间，在以苏州为中心的江南地带流传的长篇弹词《白蛇传》（一作《义妖》）已与运河紧密结合在一起，加入了许多运河元素，如提到苏州，安排许仙与白娘子在苏州城内专诸巷内开保和堂药店，又增加了许多情节：白娘子配制良药，为感染瘟疫的市民祛除疫灾；白娘子端阳节误食雄黄酒化成蛇身，吓死许仙，白娘子拼死上昆仑山盗取灵芝仙草；许仙被法海骗入镇江金山寺，身怀六甲的白娘子与小青邀请水中虾兵蟹将水漫金山斗法海；等等。故事原以白蛇被法海永镇在雷峰塔下，许仙与白蛇永远分离为结局，后演化成许仙与白娘子的儿子梦蛟长大后入京赴考，途遇许仙，父子相会，梦蛟中状元后归家祭母，雷峰塔倒塌，白娘子与夫、子相会，合家团圆。相反，作恶多端的法海得到了躲在蟹腹永世不得翻身的惩罚。

白蛇传故事的结局，是市民新婚姻观念战胜封建道统婚姻观念的体现，反映的正是运河沿线城市日益壮大的新兴市民阶层反对封建道统的新观念和审美诉求。非常有意思的是，在名列世界物质遗产的著名古典园林苏州留园中，也有相关白蛇传故事的"标记"。留园中部东北方有座两层楼阁名远翠阁，楼下名自在处，楼前有牡丹花台，在花台前南的花街铺地上，用鹅卵石砌就了一幅仙鹤、灵芝草、梅花鹿图案。这方铺地面积大，图案精细，引人注目，虽然通常被认为是长寿（鹤）、富贵（"鹿"谐音"禄"）、吉祥（灵芝）的意思，但实际上是白蛇传故事中白娘子上昆仑山盗仙草，与守护灵芝的鹿、鹤两仙童打斗的场面。

无独有偶，十五贯故事也以新版本的最后确立，佐证了运河文化对相对老旧的话本故事的再改造、再加工，甚至是"起死还生"的力量。十五贯故事在《醒世恒言》中为第三十三卷《十五贯戏言成巧祸》，原是宋代话本小说《错斩崔宁》，冯梦龙将之收入《醒世恒言》，只是稍加修改。到了清代，剧作家朱素臣改编为传奇《双熊梦》。20世纪50年代，这一故事被当时国风苏剧团改编为昆剧《十五贯》，除了"道具"十五贯钱未改动外，故事情节，包括主人公都有极大变化，故事发生地点也从浙江杭州改到江苏运河段常州、无锡、苏州，并把故事背景由南宋改为明代，继而与明代江南巡抚周忱、苏州知府况钟等联系起来，成功地塑造了历史上公正廉明的苏州知府况钟的艺术形象，歌颂了清官况钟实事求是、坚持为民平反冤案的信念与智慧，也反映了百姓对清官的期盼与敬仰。戏剧还生动地塑造了尤葫芦、娄阿鼠、过于执等人物形象，也突出了故事鲜明的时代性与社会性。昆剧《十五贯》的编剧与演出获得了巨大成功，古老的剧种也因此恢复了青春，受到党和国家领导人的高度赞扬，得到全国人民的广泛欢迎。之后，《十五贯》被许多剧种争相移植上演，又被拍成电影，在更大的时空范围内体现了作品的历史价值、文学价值与现代价值。

三

后人对"三言"中的一些篇目进行加工改编时，有时还会有"衍生"产品，或者说是文学艺术形式的"移位"。这些经过"移位"或者说"创新"的"衍生"产品，甚至比原作品更有知名度，更具文学艺术价值。其中，最有代表性的就是关于"杜十娘"的作品。

《警世通言》中的《杜十娘怒沉百宝箱》（第三十二卷），原是明人拟话本。讲的是明万历年间，京师有个名妓叫杜十娘，她一心想要赎身从良，要"从良"，当然要先有个"良人"托付终身，于是她一直暗中留心，最后看中了一个叫李甲的太学生。赎身成功后，姐妹们纷纷给十娘送去礼物和盘缠，这些礼物里有一个百宝箱，是十娘自己积攒的一笔巨资，是她为将来生活做的准备，藏在姐妹那里的。可李甲不知道,他虽然对杜十娘也是真心爱恋,却又生性软弱、自私,他担心娶个妓女会让父亲生气,被世人嘲笑,还心疼在妓院里花费出去的银子,一路踌躇,不敢回家。恰巧,路上偶遇一个叫孙富的富家子弟,孙富被十娘的美貌迷住了,就假意请李甲喝酒,劝诱李甲把十娘卖给他。李甲本来就有点后悔带十娘回家,于是立刻同意了。杜十娘得知自己想要托付终身的良人一转身就出卖了她,万念俱灰,她打扮得艳丽逼人,当众打开百宝箱,在众人的惊呼声中,一把一把拿出箱子里价值连城的珠宝往江里扔,在怒骂了孙富和李甲后,抱着百宝箱投江而死。

杜十娘故事是"一以贯之"的,内容情节几百年来都未见多大改动,结局也始终是负心汉李甲人财两空,杜十娘怒沉百宝,自己也投身江水之中。拟话本《杜十娘》通过多种艺术形态的生发,几乎达到妇孺皆知的程度,它已被改编成歌剧、电影,在国内外有着巨大而广泛的影响,我国的许多戏曲剧种都曾改编搬演,如川剧、秦腔、河北梆子、京剧、越剧等。

这里,特别要讲讲弹词开篇①《杜十娘》。此弹词开篇在 20 世纪 30 年代就风靡书坛,唱词简洁、典雅,成为苏州评弹这项国家级非物质文化遗产中的一颗璀璨明珠。弹词开篇《杜十娘》取材于冯梦龙小说,但在创作过程中又有了不少改变和"移位"。例如,在冯梦龙《杜十娘怒沉百宝箱》中,故事发生在明代万历年间,出场的主要人物,除杜十娘是北京教坊司院的名姬外,李甲、李甲好友柳遇春,都是浙江绍兴府人,孙富是徽州新安人,故事的主要发生地除北京外,还有就是扬州市的瓜洲渡口。尽管从总体上说,故事的发生地在南北大运河沿线,杜十娘计议随李甲回江南,也提到"于苏、杭胜地,权作浮居""浮寓吴、越间",间接写到苏州,但冯梦龙小说中并没有关于杜十娘与苏州关系的直接描写。但是在江南,尤其

---

① 所谓弹词开篇,就是在弹词(俗称小书)演员正式演出之前,先行唱来的一段曲子。评话(俗称大书)是没有开篇的。开篇的内容,一般和正式开讲的内容并无关系,但它作用很大:一是弹词开讲前的提示,是对陆续入席的听众,先飨以一段美妙动听的唱词;二是可用于烘托场内气氛,演员也可借此试下嗓子,也有试下弦子的作用,同时也是对听众的一种礼貌与致敬。开篇独立成篇,雅俗共赏,特别是苏州的弹词开篇,不仅语言讲究,音韵柔美,字字雕琢,力求尽善尽美,而且用三弦或琵琶伴奏,曲调优美。

在苏州，许多人则认为杜十娘故事应当发生在苏州，这又是什么原因呢？除了美丽温婉的杜十娘"外柔内刚"的性格很像"吴娃"，故事中反映的社会风情几乎就是明代苏州市井生活的"实况录像"外，还有一个不容忽视的原因，这就是《杜十娘》的开篇弹词是苏州人朱恶紫创作的。朱恶紫（1910—1991），苏州相城区黄埭人，20世纪20年代末就学于上海文艺学院，后转学到无锡国专，通过苏州作家范烟桥结识了弹词艺人兼作家朱兰庵、朱菊庵，开始学写评弹作品，开篇《杜十娘》就是他于1929年撰写的。《杜十娘》唱词婉转优雅，原本就是绝配吴侬软语的：

> 窈窕风流杜十娘，自怜身落在平康。
> 她是落花无主随风舞，飞絮飘零泪数行。
> 青楼寄迹非她愿，有志从良配一双，但愿荆钗布裙去度时光。
> 在青楼识得个李公子，啮臂三生要学孟梁。
> 她自赎身躯离火坑，双双月下渡长江。
> 那十娘偶而把清歌发，呖呖莺声别有腔。
> 哪晓隔舟儿听得魂无主，可恨那登徒使计要拆鸳鸯。
> 那李郎本是个贪财客，辜负佳人一片好心肠，说什么让与他人也不妨。
> 杜十娘，恨满腔，可恨终身误托薄情郎。
> 说郎君啊，吾只恨当初无主见，原来你是假心肠一片待红妆。
> 可知十娘也有金银宝，百宝原来有百宝箱。
> 我今朝当了你郎君的面，把一件件，一桩桩，都是价值连城异寻常，何妨一起赴汪洋。
> 青楼女子遭欺辱，她一片浪花入渺茫，悔煞李生薄情郎。①

---

① 《中国近代文学大系 1840—1919·俗文学集 2》，上海：上海书店，2012 年，第 552 - 553 页。

《杜十娘》最初由朱菊庵首唱，后来由蒋月泉用旋律悠扬、韵味醇厚的"蒋调"演唱，整支开篇唱得声情并茂，婉转动人，从此红遍书坛，经久不衰。20世纪90年代，评弹艺术家邢晏芝另辟蹊径，又谱唱《杜十娘》，表叙的词句用"蒋调"男声齐唱，而关于杜十娘的词句则用"余调"演唱，为《杜十娘》增添了又一别有情味的版本。实际上，苏州弹词开篇《杜十娘》已成为苏州评弹乃至江南戏曲的"最经典"作品，凡是江南人，几乎没有不知道或未听过苏州弹词开篇《杜十娘》的。20世纪50年代，《杜十娘》又经平襟亚改编为长篇弹词，成为苏州评弹中的经典作品。

　　今天，当我们在苏州园林中鉴赏神秘的花街铺地，而发现仙鹤、灵芝、花鹿合于一方鹅卵石铺就的花街之中时，当我们漫步在大街小巷，耳畔传来悠扬的唱词"窈窕风流杜十娘"时，当我们在欣赏被誉为"百戏之祖"的昆剧，特别是《十五贯》时，我们一定不会忘冯梦龙当初的功勋，也一定会深切地感受到，冯梦龙"三言"中的许多篇章，不但与大运河共生共荣，而且与时俱进，为大运河的开发、保护和利用，继续做出贡献。

（作者为文化学者）

从白蛇传故事探究明清江南大运河两岸城镇的社会生活

王 珏

摘 要：从白蛇传故事里涉及的地名可以看出，江南大运河两岸的市镇为了商业、生活和交通的便利大多选择依水而建，商业中心通常设在城市内河与运河的交汇处。许宣从杭州到苏州航线夜间通行与明清环太湖地区发达的桑蚕业紧密相关。故事里提及的寺庙都位于城市的经济中心，反映出庙会的世俗化造就了庙市经济的繁荣，庙市成了江南市场的重要补充形式。从小说《白娘子永镇雷峰塔》和传奇《雷峰塔》结局的区别可以看出，明清发达的商品经济以及科举定额导致了许多生员弃儒从商，但科举入仕仍然是江南商人的理想目标。

关键词：白蛇传　雷峰塔　大运河　江南社会生活

明清小说戏曲的魅力之一，在于这些作品向后代的读者展现出了一幅幅当时鲜活的社会生活画卷。白蛇传故事便是其中的杰出代表。

"白蛇传说"起源颇早，源远流长。宋代的《西湖三塔记》及明人田汝成的《西湖游览志》、吴从先的《小窗自纪》等话本小说或文人笔记里曾多次提及相关内容。但是这些作品和记载与后世的白蛇传故事相比，主要地点仅限于杭州，社会环境描写较少，故事背景模糊。直到冯梦龙编写《白娘子永镇雷峰塔》，白蛇传故事的主要人物与情节才丰满起来，故事发生的空间也扩大到了苏州、镇江两地。此后清代的黄图珌与方成培又分别在此基础上改编成了昆剧《雷峰塔传奇》和《雷峰塔》，更丰富了故事内容和人物形象。

自冯梦龙小说《白娘子永镇雷峰塔》伊始,"白蛇传"便是一个具有多功能性的民间传说,故事情节的发生与发展和当时的社会环境紧密相连。江南的城市在经历元末战乱后,经济萧条。依靠京杭大运河这条经济大动脉带来的商业贸易,自明中叶起,江南经济得到了恢复和发展,市镇日益繁荣起来,成为明清两朝最重要的财赋区。随着运河贸易经济的发展,江南的文化与风俗也渐渐刻上了大运河的烙印,京杭大运河对江南人民生活的影响渗透在各个方面。白蛇传故事涉及的杭州、苏州和镇江恰恰都坐落于京杭大运河上,这个故事真实展现了明清时期江南大运河两岸社会生活的风貌。创作者之所以选择杭州、苏州和镇江为故事发生地,从传播角度看也是为了迎合来往于江南的客商及生活在这一带的百姓。江南经济繁荣,是通俗文学重要的消费市场,以这里人们熟悉的大运河两岸重要的贸易城市为背景创作出来的故事,更易拉近与他们之间的距离,赢得他们的好感。

白蛇传故事发生的历史背景假托于南宋,但和《金瓶梅》一样,反映的却是明代中晚期的市井生活,因此白蛇传故事对研究明清江南大运河两岸的城镇社会具有极高的历史价值。

一、江南的城市格局

在《白娘子永镇雷峰塔》中,杭州李将仕的生药铺开在三桥街,制伞的舒家则在清湖八字桥,许宣(许仙)住在过军桥边的黑珠儿巷,白娘子住在箭桥双茶坊的巷口,苏州王主人的客店开在吉利桥下,镇江李克用的生药店开在针子桥下,许宣在镇江的生药铺开在渡口码头上。显而易见,故事中无论是住宅还是店铺都建在水边。

这样的设计并非巧合。不似别处的运河常常因淤塞而断流或泛滥,杭州至扬州段的京杭大运河又宽又深,长年通航。江南航运畅通,这里的运输和贸易都高度依赖水网。为了交通、商业和生活的便利,城内会有多条水系与城外运河主干道相连。城市往往沿内河形成,重要的商业街通常以内河桥市为中心而建,并向两岸伸展;城市街道也多以沿内河走向或通往河岸的长街与短巷为主,市镇的商铺和住宅也多顺着河的走向铺陈。这些沿运河或运河支流发展的市街构成了城市的大致框架。

为了更好地利用运河水系，明清时期的杭州曾经历过重筑城墙的历史。最初杭州城有凤山、候潮、艮山、武林和庆春五座水门，明成化十一年（1475）又新开一个涌金水门①，以方便城市内河与运河主干线相连。冯梦龙的《白娘子永镇雷峰塔》中许宣游湖乘舟时吩咐摇船的张阿公上岸的涌金门，指的便是这座涌金水门。涌金水门位于西湖东面、杭州城的西侧，西湖与城内水系在此交汇。清顺治初年，朝廷曾在杭州建立驻防城，此驻防城便位于当时杭州城的西部，涌金水门在这座驻防城的最南面②。涌金水门在当时被视为出入杭州城的重要关隘。

明清时期，苏州城内河与运河主干道的联系线路有两条：一条经城西北面的白公堤汇入大运河③，另一条从城西面的枫桥汇入大运河④。这两条水路分别在阊门附近的虹桥和渡僧桥与大运河交汇，因此明清时期苏州的商业闹市区主要集中在城西阊门至胥门一带。明万历年间的牛若麟在其《阊门重建虹桥记》中记录当时每天进出阊门的人流非常密集，他说虹桥附近"跨濠以通行旅，错趾骈肩，无间昏旦"⑤。正是因为商业繁盛，阊胥商业街区渐渐冲破了城垣的限制，向着苏州城外更西部延伸，慢慢形成了"自胥及阊，迤逦而西，庐舍栉比，殆等城中"⑥的局面，城外的商业集市与城内的阊胥商业中心由此连成了一张长长的带状商业网。这张商业网又分为两条线，都以阊门的虹桥为起点，一条由西北至虎丘，一条由正西方向直通枫桥。从阊门到枫桥中间的商业街区绵延二十里，其中南北濠、上下塘、枫桥、山塘泾都是当时非常热闹的商业区。

方成培的《雷峰塔》第十九出《虎阜》里的【黄莺儿】便写

---

① （万历）《钱塘县志·纪疆·城壕》，光绪十九年（1893）刻本。
② （民国）《杭州府志》卷一《图说·驻防营城图》，见《中国地方志集成·浙江府县志辑1》，上海：上海书店，2011年，第216-217页。
③ 〔清〕顾炎武《天下郡国利病书》第五册，上海：上海古籍出版社，2012年，第183页。
④ （同治）《苏州府志》卷八，见《中国地方志集成·江苏府县志辑7》，南京：江苏古籍出版社，1991年，第219页。
⑤ 同上书，246页。
⑥ 同③书，241页。

道:"爽气四郊浮,向山塘正仲秋,绿云金粟浓如酒。王孙浪游,山僧倚楼,衣香一阵飘红袖。"① 家住吉利桥的许宣要去位于苏州城外西北方向的虎丘赏桂花,走的就是山塘街这一线。山塘街是连接阊门至城外虎丘的一条繁华的商业街,该街沿山塘河而建,长约七里,被称为"七里山塘",街上店肆林立、会馆齐聚、人流如织,相传北京颐和园后湖的苏州街模仿的便是山塘街。

杭州、苏州等城市的商业区沿运河一线分布,城市与运河主干道的连接处通常才是商品贸易高度集中的区域,因此这些城市就形成了经济中心在城市一角而非中心的格局。这些城市也没有像大多数古代城市一样呈现出横平竖直的整齐街巷布局,相反,这种依水而建的布局在江南的工商业城镇却是普遍可见,越是河流的交汇处往往越是商业贸易发达。

二、运河经济的繁荣

凭借着大运河便利的交通带来的快捷物流,明清时期的江南经济发达,市场发育程度较高,商业活动频繁,是全国各区域中一个重要的市场。白蛇传的故事不仅反映出江南经济繁荣的一面,也展现了江南市场的地方特色。

(一) 蚕桑业与夜航线

俗话说"上有天堂,下有苏杭"。明清时期,苏杭并举,皆为著名的工商城市,也是全国丝绸业的交易中心。蚕桑的养种是江南环太湖地区最重要的副业。从白蛇传故事里也能窥视出这一时期苏杭间蚕桑贸易的繁盛。

在《白娘子永镇雷峰塔》里,许宣因官府库银被盗案发配到苏州,后又因典当库被盗案再从苏州发配至镇江。对于两次发配,原著中分别是这样描述的:"许宣……离了杭州到东新桥,下了航船。不一日,来到苏州",以及"许宣在路,饥餐渴饮,夜住晓行,不则一日,来到镇江"②。从两段文字中不难看出,许宣两次发配都是沿

---

① 〔清〕方成培《雷峰塔》,台北:三民书局,2016年,第96页。
② 〔明〕冯梦龙《警世通言》,武汉:崇文书局,2018年,第252、256页。

京杭大运河走水路前往的。不同的是，从苏州到镇江文中强调了"夜住晓行"，也就是说许宣乘坐的船只在这一段水路是夜间歇脚、白天航行的。因为古代出于安全及人工的考虑，夜晚一般不会轻易行船，冯梦龙《杜十娘怒沉百宝箱》里李甲和杜十娘沿运河行至瓜洲时也写道："大船停泊岸口，……约明日侵晨，剪江而渡"①，由此可见一斑。

从杭州至苏州的行船情况又是怎样的呢？据明代黄汴的《一统路程图记》记载，从杭州到苏州，一般是乘坐夜航船，也就是晚间出发，先到长安坝，白天到达嘉兴府后经过王江泾和蔀门，再经一夜航行便可到达吴江，吴江过去四十里，就到了苏州的盘门。而由苏州府到镇江府的航船，便不再提夜航之事②。另据当代学者考证，明清时期由杭州出发到苏州盛泽镇有东西两条水路。其中东路最短：从杭州出发，先到今天海宁境内的长安镇，也就是黄汴所提及的长安坝，之后再沿长安塘北上至运河，来到嘉兴府，经过王江泾到达盛泽。这段航线大约需要用一昼两夜的时间③，与黄汴所记基本吻合。由此可以推断当时从杭州到苏州，第一天晚间上船出发，第三天中午时分便可到达目的地。苏州到镇江的里程和杭州到苏州相差不多，但是如果晚上船只不航行的话，一般得用上五六天的时间才能从苏州到达镇江，的确要比杭州到苏州的旅程辛苦得多。

苏杭间为何不同于别处，会出现夜行航船呢？这应该与明代中叶以后环太湖地区蚕桑业的发展有关。"蚕桑之利，厚于稼穑。"④明代江南已是"桑叶宜蚕，民以此为恒产，傍水之地，无一旷土，一望郁然"⑤。到了清康乾年间，苏州、杭州、嘉兴、湖州等地已是"地多植桑"⑥，"植桑者益多，乡村间殆无旷土。春夏之交，绿荫弥

---

① 〔明〕冯梦龙《警世通言》，武汉：崇文书局，2018年，第291页。
② 〔明〕黄汴《一统路程图记》，见杨正泰编《明代驿站考·附录二》，上海：上海古籍出版社，1994年，第195-292页。
③ 罗婧《江南市镇网络与交往力——以盛泽经济、社会变迁为中心（1368—1950）》，上海：上海人民出版社，2010年，第63页。
④ 〔明〕徐献忠《吴兴掌故集》卷十三，见刘承干编《吴兴丛书》第四册，吴兴刘氏嘉业堂刻本。
⑤ （万历）《湖州府志》卷三《乡镇》，上海：上海古籍出版社，1963年，第66页。
⑥ （乾隆）《苏州府志》卷二《风俗》，道光四年（1824）刻本。

望,通计一邑无虑数十万株云"①。明清两朝,形成了以浙江嘉兴和湖州为中心的环太湖蚕桑业市场。

养蚕需要大量的桑叶。对于大多数的养蚕户来说,桑叶难以做到自给自足,多数需要从市场购买,所以环太湖地区又出现了从事桑叶买卖的交易,甚至还出现了专门的叶市。"桑出东西两山,东山尤盛蚕时设市。"②养蚕对桑叶要求极高,桑叶最好是当天采摘当天喂用,为了保证桑叶的新鲜,运输桑业的航船必须在一天内到达目的地。在桑叶上市的日子里,桑农们都是通宵达旦地采摘,运输桑叶的船只往往布满整个河港③。"俟蚕长必贾叶饲之,轻舟飞棹四出。远贾虽百里外一昼夜必达。迟则叶蒸而烂,不堪喂蚕矣。"④江南水网密集,小船一昼夜大约可以行驶百里,因此在苏州以南的运河流域出现夜航船也与这一地区蚕桑业高度商业化有关。

白蛇传故事中,许宣于清明节和白娘子相识,过了两日从白娘子处得到了官银,后一天便事发,紧接着没几天便被发配苏州。可以推算出许宣离开杭州的日子正是江南地区桑叶贸易最为繁忙的时候,所以许宣乘夜行船来到苏州的情节也自然是合理的了。

(二) 药材生意与物流

《白娘子永镇雷峰塔》中提到了多种商业,如制伞、开茶馆、开客店、卖豆腐等。明清时期的杭州城内百货业无所不包,湖州产的丝绸、嘉兴产的绢纱、绍兴产的茶叶和酒、宁波产的海货、衢州产的桔子、温州产的漆器、金华产的酒在杭州都能买到。除此以外,杭州的餐饮、服务行业也颇具规模,吴敬梓《儒林外史》中就描写杭州城是"五步一楼,十步一阁",只吴山附近,"单是卖茶就有三十多处"⑤。可谓百业俱兴。《白娘子永镇雷峰塔》中介绍,许宣的

---

① (乾隆)《吴江县志》卷五,见《中国地方志集成·江苏府县志辑19》,南京:江苏古籍出版社,1991年,第58页。
② 〔清〕金友理《太湖备考》卷六《物产》,南京:江苏古籍出版社,1998年,第305页。
③ 张海英《明清江南商品流通与市场体系》,上海:华东师范大学出版社,2002年版,第100页。
④ (乾隆)《海盐县续图经》卷一《方域篇·风俗》,杭州:西泠印社,2016年版,第12页。
⑤ 〔清〕吴敬梓《儒林外史》,郑州:中州古籍出版社,1997年,第118、112页。

父亲曾开生药店，父母去世后他便在表叔家开的生药铺里做主管。小说中为何要将许宣的职业设定为生药铺的主管呢？作者通过这个职业设定又将为读者描绘出当时怎样的社会风貌呢？

药材生意和别的相比，自有特色。一方面，药材如衣食一样，是与人民生活紧密相关的物资；另一方面，药材讲究产地，如怀庆地黄、银夏柴胡、甘肃枸杞、杭州白菊等，都要冠以地名。还有一些药材甚至来自海外，如犀角、安息香、沉香等。药材是生活必需品，可是本地往往并没有替代品，因此药材生意对商品的流通依赖性尤高。

明朝初年，朝廷设置了官药局零售药品，但是药材流通性差。永乐年间，朝廷重新开凿山东临清段的会通河，运河沿线药材市场发展迅速。明朝的四大药市分别为：河北的安国、江西的樟树、皖北的亳州以及河南的禹州。这四大药市都处在交通要道上，前三个药市还可以通过水路与京杭大运河相连。依靠运河水系，药材销售市场日渐扩大，全国的药材贸易和前朝相比有了长足的发展。明代浙江永嘉的张璁于弘治十一年（1498）中举，正德十六年（1521）考中进士。他做举人时，有次生病需要用两颗红枣入药，在当地很难寻着，但是等他考中进士的时候，红枣就已经是寻常之物了①。江南本不产枣，枣子最初传到时江南因为量少，并不被当作平常食物，而是用来入药，但是由张璁的经历可见，短短的二十来年，药材的贸易有了飞速的发展。

明朝中后期，官药局走向衰亡，取而代之的是民营药铺。随着经济的发展、人口的增多，药铺也在不断增加，并且在销售和经营上分工更细。但是就全国而言，药材的贸易与流通十分不均衡，药材流通明显偏在运河沿线，明清小说中对此多有描述。《金瓶梅》里西门庆的父亲西门达就是一位走川广贩卖药材的商人，后来西门庆在清河县开了一个大大的生药铺。江南并不是传统的药材生产地，但是据明代李日华记载，当时江南市场遍地可见产自四川的药材②，

---

① 〔明〕张萱《西园闻见录》，哈佛燕京学社排印，1940年，第28B页。
② 〔明〕李日华《轩杂缀》卷三，见《四库全书存目丛书》子部第108册，济南：齐鲁出版社，1995年，第22b–23a页。

河南和江西两地的药材也大量输入江南①。特别是许宣活动的杭州、苏州、镇江三市，药材交易异常活跃。明朝末年的杭州有药行专门接待省行药材商人，装载药材的商船可以直接行驶到望仙桥一带。嘉靖三年（1524），就连卸任御医许某也在杭州的靴儿河下新宫桥附近开设了许广和药室②。苏州的南濠镇更是形成了专业的药材交易市场③。镇江被称为"银码头"，是长江与运河的交汇处，各地商品在这里转输，长江中上游的药材大多从这里转运至苏杭地区。明末的苏州被称为"若枫桥之米豆，南濠之鱼盐、药材，东西汇入之木簰，云委山积"④，其中药材被单列出来与米豆、鱼盐并列，足见药材的买卖是当时非常重要的物资贸易。

药材生意获利颇丰。生药铺为西门庆积累的资本是他走向发迹的起点。《白娘子永镇雷峰塔》中在镇江开生药铺的李克用，店中伙计、家中仆人都不少，过个小生日也要开席两日，接待客人五十来个。他的生日筵席开在自家的东阁，他让仆人将要净手的白娘子领到了"后面一间僻净房内"，以方便偷香窃玉，可见其宅不小。就是许宣自己，只租了一间房子，买下了一副生药橱柜，开业不到一年时间里，已经是"普得厚利"，施给金山寺香钱的时候，也是随手拿出一块上好的降香递给了和尚⑤。这些描述足见药材生意在当时利润丰厚，能较为快速地积累财富。历史上，苏州名医叶天士便是"靠医致富"的典型⑥。

清代江南运河沿线药材生意的兴盛是杭、苏、镇三地，更是整个江南地区经济繁荣的象征。江南药材贸易的基础是运河带来的便捷物流，依托四通八达的水网，国内外的药材才能源源不断地汇集于此，为这里的商人们带来丰厚的回报。

---

① 范金民《明清江南商业的发展》，南京：南京大学出版社，1998年，第221-223页。
② 卢连芳《岐黄正传 万汇滋生——元明清杭州的中药中医业》，见周峰主编《元明清名城杭州》，杭州：浙江人民出版社，1990年，第204-212页。
③ 唐廷猷《中国药业史》，北京：中国医药科技出版社，2001年，第99页。
④（崇祯）《吴县志·王心一序》，见《天一阁藏明代方志选刊续编15》，上海：上海书店，1990年，第21页。
⑤〔明〕冯梦龙《警世通言》，武汉：崇文书局，2018年，第259页。
⑥〔清〕梁章钜《浪迹丛谈》，北京：中华书局，1981年，第12页。

（三）庙会与庙市

白蛇传故事中有很多情节都发生在庙会之时。《白娘子永镇雷峰塔》就明写了苏州的庙会两次、镇江的庙会一次，暗写了杭州的庙会一次。苏州的两次庙会分别是二月半看卧佛及四月初八释迦佛的生辰，镇江的庙会是七月初七英烈龙王生日，杭州庙会也是释迦佛的生日。

白蛇传故事中对庙会的相关描写可以看出当时江南的庙会有三大特点。首先，江南的寺庙多在城市繁华的商业区。明代苏州的寺观就多在交通要道以及从阊门到胥门一带的商业区。《白娘子永镇雷峰塔》中苏州两次庙会均在承天寺举行，承天寺位于苏州城的中北部，《雷峰塔》传奇中苏州的两次庙会发生在虎丘，离苏州的核心商业区域阊门一带并不远。镇江的庙会在金山寺，毗邻长江，其周围自古以来便商业繁盛。其次，这里庙会活动非常频繁。故事中的三次庙会分别在二月、四月、七月间，每次庙会还会持续几天，频率不低。最后，这些庙会往往又会伴随着一些商业行为。小说中提到许宣在苏州第一次逛庙会时就有一云游先生"坐在寺前卖药"①，这可视为一种带有商业性质的宗教行为。《雷峰塔》传奇中还写了庙会中有戏法表演。

庙会型的集市也叫庙市，这种市场既有宗教性，也有非宗教性。江南市镇上的寺观常常地处发达的商业区，有不少寺观靠近水路，如苏州的虎丘、镇江的金山寺等，都可以坐船直接到达。将故事背景设在苏州的《吴江雪》中，男女主人公江潮和吴媛就是坐船去支硎山的观世音大士殿进香的②。"三言"和《儒林外史》等明清小说中江南的寺观也多在河湖之滨。

寺观靠近水路，方便游客、信徒前往，也利于商贩运输庙会上所要售卖的商品，于是便形成了热闹的庙市。寺观中的僧徒受到繁华生活的诱惑，不免会对寺庙生活感到寂寞，向往享受世俗的生活，因此僧道们也越来越世俗化。寺庙因为有檀越，与外界的世俗生活

---

① 〔明〕冯梦龙《警世通言》，武汉：崇文书局，2018年，第254页。
② 〔清〕吴中佩蘅子《吴江雪》，哈尔滨：黑龙江美术出版社，2015年，第186页。

有着很多的接触，于是僧人们渐渐开始治生求利。明代的吴江便有记载"凡僧寺各有房分，每房占定邑人户若干，谓之门徒，凡修斋作福之类，他僧不得而预焉。私请私赴者，僧必兴讼。遇岁时节序，则印经咒，书其祖先姓名，送与烧化。其家则酬以斋粮，自一斗以至一二石为率，贫者则杂糅柴薪豆麦之类与之"①。这些僧人垄断了民间的佛事，还会去民间打秋风，要斋粮，和世俗生活发生着紧密的联系。在苏州著名的虎丘寺，"其师澄公泊二三僧徒，日为治生计。而苏俗缁流，市酤以为常。师不得已，偕众之海虞市井，不二价，远近归之，息颇赢"②。这些便是当时苏州寺庙里僧人发家的例子。

僧人们也会借庙会向社会各界募酬。《白娘子永镇雷峰塔》中，苏州释迦佛生辰时，"街市上人抬着柏亭浴佛，家家布施"。镇江英烈龙王生日时，和尚"将着一个募缘簿子道：'……伏望官人到寺烧香，布施些香钱！'"③寺院道观从这些募酬中获利不少。江南庙会频繁，但每次募酬都会非常顺利，说到底还是这里强大的经济能力所决定的。这里的百姓之所以会积极地支持庙会，也是因为庙会的存在促进了非宗教性的商业发展，让更多的商贩从中获利。

举行庙市的时候，往往商贾云集、人流如织。"虎丘游船，有市有会。清明、七月半、十月朝为三节会，春为牡丹市，秋为木犀市，夏为乘凉市。一岁之中，惟龙船市妇女出游为最盛，船价亦增数倍。"④虎丘每次有庙会的时候，都会有船家聚集在虎丘周围，靠摆渡挣钱。张岱也记载过杭州的庙市："三代八朝之骨董，蛮夷闽貊之珍异，皆集焉……凡胭脂簪珥、牙尺剪刀，以至经典木鱼、孩儿嬉具之类，无不集。"⑤东岳诞辰时，在震泽"前后十余日，士女拈

---

① （弘治）《吴江志》卷六《风俗 土产 典籍》，见《中国方志丛书·华中地方》第四四六号，台北：成文出版社，1984年，第232页。
② 〔明〕祝以豳《虎丘悟宗禅师传》，见《明文海》卷四二〇，北京：中华书局，1987年，第4392页。
③ 〔明〕冯梦龙《警世通言》，武汉：崇文书局，2018年，第255、259页。
④ 〔清〕顾禄《桐桥倚棹录》卷十二，南京：江苏古籍出版社，1999年，第41页。
⑤ 〔明〕张岱《陶庵梦忆》卷七《西湖香市》，上海：上海古籍出版社，1982年，第61页。

香,阗塞塘路,楼船野舫,充满溪河。又有买卖赶趁,茶、饼、果、梨,装塑傀儡,走兽、飞禽,飏笙鼗鼓、琐碎戏具,以诱悦儿曹,所在成市"①,大多是一些受妇女儿童喜爱的商品。

诚如顾颉刚所说:"赛会是南方好,因为他们的文化发达,搬得出许多花样,而且会得斗心思,一个地方有了几个赛会,就要争奇赌胜,竭尽他们的浮华的力量。"② 这种庙会商业对于手工业者以及农民这些临时商贩来说,往往是其重要的收入来源。庙会所带来的庙市是江南经济的重要补充形式。随着商品经济的发展,庙会越来越有商业气息,宗教内容日渐减少。江南这些大大小小名目繁多的庙会,是江南商业市场多样性与市场机制完善的表现。

三、士商间的关系互动

江南地区作为传统的科举之乡,对科举一直非常重视。江南学子在会试中的优异表现也与大运河有着密不可分的关系。一方面,依靠着大运河,江南成为当时全国最富庶之地,以经济为支撑,更多的子弟可以接受教育;另一方面,借大运河之便,从江南可以通过水路前往京城和省城应试,不仅交通便捷而且花销较小。大运河的存在,是江南学子能够参加科举特别是会试的一个重要条件,优异的科举成绩又刺激着当地更多的家庭走向科举之路。

明清时期的江南商业高度发达,商贾势力大,商帮众多,商人地位有所提高。与此同时,明代为了国家的稳定,对各地区的科举人数进行定额录取。虽然明朝江南诸省科举定额数最多,但占比相对较小,因此到了晚明,读书人不再把科举考试当作唯一的出路,选择从商作为生存之道的人越来越多。

中国有句老话,"不为良相,便为良医"。中药直接脱胎于中国传统文化,医药行业的从业者无论是看病还是抓药都要能断文认字,他们往往具备一定的文化水准。《白娘子永镇雷峰塔》中,许宣曾经两次题诗,足以见其所具备的文化水平并不只是能做生意这么简单,

---

① 〔清〕顾禄《清嘉录》卷三《三月》,上海:上海古籍出版社,1986 年,第 66 页。
② 顾颉刚编著《妙峰山》,上海:上海文艺出版社,1988 年,第 12 页。

一定受过较为正规的教育，放弃科举，实为无奈。清朝初年，苏州著名药店雷允上的创始人雷大升（1696—1779）便是数次参加科举考试落第后弃儒行医的代表。明清两朝，江南地区很多生员为了维持生计而选择了经商。

陈宝良在其《明代儒学生员与地方社会》中对明代生员的治生途径进行了概括，其中从商就是当时生员一个主要的谋生手段①。生员为了生存，除了从医以外，还会从事其他相关职业。晚明的凌濛初便是出身官宦家族，从小也受到了良好的教育，但是科举受挫后，他便致力于雕版印刷业，获利颇丰，完成了向儒商身份的转变。

需要强调的是，虽然许宣从事的医药行业与人民的生活息息相关，药材贸易是江南商业的重要组成部分，许宣又是医药世家，但是药铺生意想要顺顺利利经营下去，官商二维一体依然是必然归宿。

《白娘子永镇雷峰塔》中许宣的父亲是开生药店的，许宣的表叔李将仕家也是开生药铺的，证明许宣家族在杭州药材生意界中具备一定的势力。即便是这样，许宣的父亲还是将自己唯一的女儿嫁给了一个宦家。故事中说许宣的姐夫李仁是南廊阁子库募事官，同时又为邵太尉管钱粮②。按照许父的盘算，将来许宣继承自己的生药店后，有一个当"宦家"的姐夫照应，生意应该可以日渐兴隆。

许宣两次发配皆由姐夫李仁将其托付于人，第一次是托付给了开客店的王主人，第二次是托付给了开生药铺的李克用。值得注意的是，李仁在介绍李克用时强调了他是自己的结拜叔叔。李仁常去苏州公干，王主人的客店大约是他每次落脚之处，所以他与王主人相熟。但是李仁与李克用的结拜就有了更多的功利色彩。李克用应该颇有些钱财，他要与李仁攀交情，多半也是看上了李仁宦家的身份。清末杭州胡庆余堂的创建者是红顶商人胡雪岩，他也是依靠着自己的特殊身份，才将胡庆余堂经营成为与北京同仁堂并称的有规模、有影响的药店。许宣自己没能参加科举走上仕途，可是他如果想将自己的生意维持下去，还是需要来自官方的保护。与其依靠达

---

① 陈宝良《明代儒学生员与地方社会》，北京：中国社会科学出版社，2005年，第81－94页。

② 〔明〕冯梦龙《警世通言》，武汉：崇文书局，2018年，第247页。

官权贵,不如自己跻身官场,所以商人的子弟还是会尽一切可能走上科举之路。

明清时的生员来自社会的各个阶层。商人家庭的子弟因为有经济的支持,所以读书中举的例子屡见不鲜。尽管当时由商而儒、由儒而商都很普遍,但是商人的理想目标仍然是中科举而后出仕。明代苏州翁氏家族因经商积累了大量的财富,"其子弟多读书,好行其德,有闻于时"①。晚明的李贽出身富商世家,26岁中举。徐光启、顾宪成等大儒也都来自富商家庭。

到了清朝,朝廷为了笼络江南士子的心,自康熙朝开始,多次增加江南生员名额。乾隆沿京杭大运河六下江南的主要目的之一便是"培养士类"。在他六次南巡期间,共增录江、浙、皖三地生员5000多名②。每次下江南时,沿运河每到一处,乾隆还会在当地考查敬献诗赋的士子,并特赐其中成绩优异者为举人,授为内阁中书。钱大昕、孙士毅、王昶等均是通过这类考试走上仕途的。这让江南的学子们切身感受到了皇恩浩荡,又看到了科举的出路。

方培成的《雷峰塔》传奇本就是盐商为迎接乾隆皇帝而作,因此和小说《白娘子永镇雷峰塔》相比,结局有了很大的改动。小说以许宣亲手收压了白娘子为结局,传奇《雷峰塔》的结局却是白娘子之子许士麟中状元后救出了母亲。到了清朝,《雷峰塔》之所以要设计出许状元这个形象,其实也有向乾隆皇帝献谄的一面。《水斗》中因为白娘子怀有文曲星,法海便放了她。许士麟是天上的星宿,连天神都要让他三分,可是当他成为状元之时,依旧要向人间的皇帝称臣,所以《雷峰塔》传奇结局的设计一定能让乾隆皇帝大有"学得文武艺,货卖帝王家"之感。这也可以看出江南地区士、商、官三者的关系。当时江南的商人,即便依靠运河进行贸易获得了丰厚收益,地位有所提高,但科举入仕还是被他们视为最优选择。商业的顺利进行也需要得到官宦的保护,一些特殊的行业如医药业,对官宦保护的依赖性就更大了。

---

① 〔明〕钱谦益《牧斋有学集》卷三十五,上海:上海古籍出版社,1996年,第1248页。
② 沈云龙主编《钦定科场条例》卷二十《乡会试定额·例案》,台北:文海出版社,1989年,第1412—1416页。

四、结　语

白蛇传故事毫无疑问是中国四大民间传说中最具有生命力的，由它衍生出来的传说和曲艺作品至今仍然常演不衰。更难能可贵的是，直到今天，白蛇传故事的情节和人物形象还在被不断丰富，深受大众的喜爱。这个故事主要讲了白娘子和许宣的一段"人妖"情缘，但在这个奇幻的婚恋故事主题下，还能够细细品味出明清时期江南社会的风土人情。无论是依水而建的城市格局，还是无处不在的商业气息和特色商业，都深受京杭大运河的影响。

与社会生活紧密相连，是白蛇传故事具有生命力的重要原因。当下我们研究白蛇传故事与京杭大运河间的关系，不仅有助于我们更好地认清白蛇传故事的文化价值，更有助于我们对京杭大运河的历史价值和文化内涵的理解。

（作者为江苏第二师范学院文学院秘书与写作教研室主任、讲师）

"三言二拍"运河文化探析

李 想

摘 要:"三言二拍"中的很多故事发生在运河区域,与运河文化密不可分。运河交通的兴盛,打破了地域商业的闭塞状态,带来了物资大流通,给商业的发展提供了重要机遇,商业的发展又刺激、带动了农业和手工业的商品化生产,同时促进了运河沿线城市和集镇的繁荣。商品经济前所未有的发展、商人经济实力的不断增强及商人社会地位的不断提高,使运河地区的传统价值观念受到了强烈冲击。

关键词:"三言二拍" 冯梦龙 运河文化

大运河是我国古代创造的一项伟大工程,是世界上长度最长、规模最大、延续使用时间最久的运河,展现出我国劳动人民的伟大智慧和勇气,传承着中华民族的悠久历史和文明,是一部书写在中华大地上的宏伟诗篇。2014年,中国大运河被列入《世界遗产名录》。大运河不但保障了国家漕粮的运输和南北货物的流通,也极大地促进了运河沿岸地区商品经济的繁荣和发展。与此同时,运河文化也应运而生。运河文化可概括为运河区域人们在运河开通后的长期社会实践中创造的物质和精神财富的总和①。它是中华民族灿烂文化的重要组成部分,是在吸纳、融化运河沿线各具特色的地方文化基础上,层层积累形成的。运河文化博大深厚而又缤纷多彩,塑造了运河区域的人文底色,在人类历史进程中闪耀着不尽的光辉。

---

① 李泉《中国运河文化的形成及其演进》,《东岳论丛》2008年第3期,第57页。

"三言二拍"①是明代五本著名传奇短篇小说集及拟话本集的合称,作者是冯梦龙和凌濛初。冯梦龙籍贯是南直隶苏州府长洲县(今江苏省苏州市相城区),凌濛初籍贯为浙江省湖州府乌程县(今浙江省湖州市吴兴区),这两地都属于运河区域,两人的主要生活经历也都在运河沿线。可以说,"三言二拍"是饱蘸着运河水写出来的。现实生活的接触及独特的文学见解使"三言二拍"深深地打上了运河文化的烙印,"三言二拍"为我们展示了多层次、多维度、丰富多彩的运河文化。

一、"三言二拍"中的运河交通文化

大运河首先是作为漕运通道而存在的,历朝统治者开挖、修治、维护运河的初衷只是为了保障统治中心粮食和物资的安全,从而维护自身统治,并不顾及其他。但随着官方漕运的兴盛及运河长时间的持续通畅,运河所承载的民间交通功能越来越突显出来。可以说大运河的基本功能就是交通运输,而交通文化就是运河文化最直观、最基础的一面。"三言二拍"在这方面有丰富、生动的描绘。

在近代铁路出现之前,陆运和水运是古代中国两种最基本的交通方式,水运比陆运更具优势,正如《恒言》第十卷《刘小官雌雄兄弟》中刘公说的那样,"陆路脚力之费,数倍于舟,且又劳碌",简言之就是水运比陆运便捷而价廉,所以历代统治者都很注重发展水运。特别是隋唐以后,中国经济重心逐渐移至东南地区,而统治中心一般都在北方,由东部及东南地区向都城漕运粮食及其他物资,是统治集团生存和国家机器运转的重要保障,所谓"国计之有漕运,犹人身之有血脉,血脉通则人身康,漕运通则国计足"②。因此在统治者眼中,大运河最重要的交通运输作用就是漕运。不过在"三言

---

① "三言二拍"为冯梦龙编著的《喻世明言》《警世通言》和《醒世恒言》以及凌濛初创作的《初刻拍案惊奇》和《二刻拍案惊奇》的合称。本文引用的"三言二拍"版本为上海古籍出版社1997年版。为叙述简洁,本文将《喻世明言》简称为《明言》,《警世通言》简称为《通言》,《醒世恒言》简称为《恒言》,《初刻拍案惊奇》简称为《初刻》,《二刻拍案惊奇》简称为《二刻》。

② 〔明〕王宗沐《乞广饷道以备不虞疏》,见陈子龙等辑《皇明经世文编》卷三四三《王敬所集一》,北京:中华书局,1962年,第3681页。

二拍"中，描写官方漕运的并不多，只有两个小片段，这主要因为"三言二拍"是市情小说，描写的是市民生活，所以并不关注官方漕运情况。

比起运河的漕运功能，"三言二拍"更加注重运河承载的民间交通功能。大运河不仅把南方和北方连接起来，而且和它流经区域的众多其他自然河流、湖泊、人工沟渠一并构成了网状的交通系统。这套网状交通系统以大运河作为主干道和中枢，纵横交错，四通八达，其影响和辐射的区域远远超过运河本身的流域。再加上水运便利和价廉的优点，运河交通逐渐脱离了官方专用的限制，越来越多地为民间服务。"三言二拍"中随处都可见到"雇船""觅船""行船""下船""上岸"等字样，这些都是民间用船的反映。选择运河交通的人也形形色色，上至达官贵人，下至平民百姓，有进京赶考的、当官赴任的、致仕返乡的、贩货经商的、走亲访友的、旅游的、进香请愿的，发达的运河交通网络为运河区域的人们提供了极大的方便。

运河交通的便捷离不开运河交通工具——各类船只的支持，种类繁多、大小不一的各类船只交错航行，担负着商旅和货物的来往转输任务。"三言二拍"中描述了种类繁多的运河船只，有专载人载货的长途运输大船，如《初刻》第五卷中提到的大座船，满载行李辎重后，还载了"家人二十多房，养娘七八个，安童七八个"，虽然行李沉重，一日还可行"百来里路"；《恒言》第三十二卷中提到的巨舟，"分为前舱、中舱、后舱；前舱盛货物，主人、家眷住在中舱，后舱船工水手住"，可见此船的规模之大。有固定起航时间和往返路线的航船，又叫堂船，相当于现在的班车和公交车；也有随叫随走的"便船"，相当于现在的出租车。有捕快的缉捕船，称为快船；有在运河上巡哨、稽查的哨船；还有官家大型画舫，"舫中珠翠夺目"。因为运输业发达，运河上还出现了一家几代都从事运河运输业的，比如《通言》第二十二卷中的刘有才，"积祖驾一只大船，揽载客货，往各省交卸。趁得好些水脚银两，一个十全的家业，团团都做在船上。就是这只船本也值几百金"。在千里运河上，官船和民船、货船和客船、大船与小舟络绎往返，为我们展示了一幅绚丽多彩的运河繁忙画卷。

运河作为最重要的黄金水道,在交通繁忙、商旅络绎的同时,也出现了很多船匪水盗,如张稍、陈小四、徐能等,这些人为了钱财在运河上杀人越货,丧尽天良,但也从反面反映出运河交通的兴旺。

二、"三言二拍"中的运河商业文化

运河交通的兴旺,方便了不同区域的人员流转,打破了传统地域商业的闭塞状态,带来了物资大流通,密切了全国市场的联系,这无疑给商业的发展提供了最重要的前提。商业的发展又刺激、带动了农业和手工业的商品化生产,同时促进了运河沿线城市和集镇的繁荣。于是,繁荣的、独具风格的商业文化在运河区域形成。可以说,商业文化是运河文化最具代表性的特质之一。"三言二拍"具有鲜明的商业特色,很多篇章都体现了丰富多彩的运河商业文化。

(一)运河区域商业的繁荣

运河区域商业的繁荣体现在以下几个方面:一是商人队伍的壮大。据粗略统计,"三言二拍"中塑造的大大小小商人形象不下百,其中绝大部分都在运河区域经商。这些商人形形色色,有作为正面形象,寄托作者教化思想的,如王生、李秀卿、施复、徐老仆、刘方等;也有作为反面教材警醒世人的,如卫朝奉、陈大郎、孙富等。有通篇着力刻画的主角,也有一笔带过的陪衬人物。有祖上几代都经商的,如《名言》第一卷中的商人罗家做广东生意,"走了三代了";也有利用漕粮运输,临时做点生意的,如《恒言》第二十卷中的苏州王宪往京城运送白粮,"随便持些玉器,到京发卖,一举两得"。二是商人们经营的生意门类多种多样。一种是坐商,在运河沿线的集镇开设店铺,有粮食铺、药铺、丝线铺、香火铺、染坊、饭馆旅店、当铺等;另一种是行商,以运河为通道在两地之间贩卖货物,赚取差价,书中多处提到的贩运的货物就有粮食、茶叶、丝绸、布帛等数种,其他的还有油漆、水果、木炭、木材、珠宝等。多种物资的流通,不仅互通了有无,更突破了小范围的地域商业,将整个运河区域联通成一个商业整体,大大促进了该区域商品经济的发展。三是运河的贯通使得商人经商的范围更广。"三言二拍"中诸多商人的经商范围不再局限于一县一府,跨府跨省经商成为很平常的事。如明弘治时线香商人黄老实家在南京应天府,但主要的生意地在江北;徽商主要来自徽州,但他们的生意范围遍布运河沿线的各个城镇;更有跨越数省做生意的,如西安商人杨复往东南地区的漳州经商,苏州商人"贩布三万匹到辽阳"。商人数量的增多,经营种类和范围的扩大,都有力地促进了商业的繁荣。四是经运河流通的商品数量非常巨大。如前文提到的专在运河上揽运客货的大船、巨舟,形制巨大,可运载的货物数量非常可观,而且从事这种大船运输的不是个别人,而是"江南一水之地,多有这行生理"。除此之外,还有一些小型船只和本来不是从事商品货物运输的船只,比如官船、漕船也纷纷包揽客货,运载逐利。而且无论大船小船、官船民船都是装满货物,"满载""一大船""满满的"这样的词在"三言二拍"中可以找到很多。运河运输业的发达正反映了运河流通商品数量之多。

值得一提的是,"三言二拍"还花不少笔墨描写了当时出现的新型商业组织——商帮。商帮的出现有两方面的因素:一是商品经济发展到一定程度,商人队伍日渐壮大,竞争日趋激烈;二是封建统治者持续推行"重农抑商"的政策,限制、轻视甚至打击商业和商人,商人为了维护自身的利益,利用天然的乡里、宗族关系联系起来,互相支持,形成了商帮。可以说,商帮是明代商品经济发展到一定阶段的产物。当时的运河区域是全国经济最发达、商货流通最便利、商品经济最繁盛、工商业城镇最多的地区,所以各大商帮往往在运河区域集聚贸易,势力强盛。"三言二拍"对活跃在运河区域内的苏商、徽商、浙商都有相当精彩的描述。《恒言》第七卷中冯梦龙写家乡的"洞庭商帮"(苏商):"话说两山(指苏州濒临太湖的洞庭东山与西山两座半岛)之人,善于货殖,八方四路,去为商为贾。所以江湖上有个口号,叫做'钻天洞庭'。"徽商群体在明代迅速发展,至明代晚期已经形成人数众多、势力较大的一个商帮。徽商发源地临近运河沿线,所以徽商们在运河沿线最为活跃,特别是江南地区,有"无徽不成镇"的古谚。据统计,"三言二拍"描写的徽商有 19 名,是所有商帮中最多的。《二刻》第三十七卷中,凌濛初还谈到徽商的风俗:"却是徽州风俗,以商贾为第一等生业,科第反在次着。"《二刻》第二十九卷写浙商:"江浙名邦,原非异地;经商亦是善业,不是贱流。""三言二拍"中对这些商帮的关注和描写,不仅符合当时的历史环境,更反映了当时运河区域商人队伍的壮大和商业的兴盛。

(二) 运河商业城镇的崛起

我国古代的城市起初都是以政治军事为主要功能的,大运河的兴起改变了这一格局,沿河兴起的很多城镇都以工商业为发展的基石。由运河畅通而兴起并呈现空前繁荣的重要商业城市即有杭州、苏州、镇江、扬州、淮安、济宁、临清、德州、天津等,像一串镶嵌在运河上的明珠,成为运河沿线一个个人员辐辏、商贸发达、经济繁荣的地区性商业中心。"三言二拍"中这样描述苏州和扬州的繁华:

> 却说苏州六门:葑、盘、胥、阊、娄、齐。那六门中只有阊门最盛,乃舟车辐辏之所。真个是:翠袖三千楼上下,黄金百万水东西。五更市贩何曾绝,四远方言总不齐。(《通言》第二十六卷)

> 那扬州隋时谓之江都,是江淮要冲,南北襟喉之地。往来樯橹如麻,岸上居民稠密。做买做卖的,挨挤不开,真好个繁华去处。(《恒言》第六卷)

苏州和扬州都是历史悠久的大都市,在大运河开通之后,城市规模得以扩大,更加繁华。两段节录描写了两座运河城市的高度繁荣状态——人口稠密、市井繁华、客商云集、商业兴盛,更提到了这种繁荣与运河经济密不可分。

除了大型的商业城市外,运河沿线还兴起了很多小城镇。这些小城镇以前或是荒丘野地,或是小村僻庄,在运河开通后因为较好的地理位置而迅速兴起,商业、服务业兴盛。如《恒言》第七卷描写天津的河西务镇,在大运河开通之前名不见经传,自运河开通和元朝定都北京后,迅速发展,"这镇在运河之旁,离北京有二百里田地,乃各省出入京都的要路。舟楫聚泊,如蚂蚁一般;车音马迹,日夜络绎不绝。上有居民数百余家,边河为市,好不富庶。"河西务镇因为地处运河重要码头,来往人流量巨大,给本地商业发展带来极大便利。《恒言》第十八卷描写苏州吴江县的盛泽镇,人口稠密,商贸发达,因盛产丝绸成为江南的丝绸业中心,"市上两岸绸丝牙行,约有千百余家,远近村坊织成绸匹,俱到此上市。四方商贾来收买的,蜂攒蚁集……"。一个小小的乡镇,其商业繁荣不下于普通的县城甚至府城,这和它地处运河沿线的优越交通位置是分不开的。

其他运河沿线著名的船闸、码头和渡口,如苏州的枫桥和浒墅关、镇江的京口、扬州的瓜洲、淮安的淮关、通州的张家湾等也多次在"三言二拍"中出现,因地处运河要冲,过往客商密集,它们都成了比较繁华的商业集镇。

(三)资本主义萌芽的出现

明代中后期,中国的社会经济开始出现一种深刻而重大的变化,那就是在封建社会内部产生了资本主义萌芽,它对古老的封建社会、对人们的社会关系和生活方式都产生了相当大的影响。"三言二拍"正成书于这个时期,作者敏锐地觉察到这个巨大的变化,将这一不同于以往的生产方式用小说的形式记录下来,其中最具有代表性的就是《恒言》第十八卷《施润泽滩阙遇友》。冯梦龙在这篇小说中写了施复夫妇发家致富的故事。施复是嘉靖年间苏州盛泽镇的小机户,夫妻俩辛苦经营,起初只有一张丝绸机,后来扩大到了三四十张丝绸机,以至"家业大饶",而另一些小机户则因为种种原因失去了产业,沦为大机户家的雇工。此篇虽是经过艺术加工过的小说,其人其事在历史上不一定真实存在,但故事中所反映出来的资本主义性质的手工工场和包买商,以及"机户出资,机工出力"的生产方式却是当时社会的真实写照,这篇小说至今还是研究中国资本主义萌芽的重要史料。资本主义萌芽最先出现在运河区域的江南不是偶然的,只有在江南地区交通便利和商品经济发达的社会背景下才能孕育出资本主义萌芽。

三、"三言二拍"中展现的新价值取向和观念意识

社会存在决定社会意识，发达的运河商品经济促使运河区域人民在观念意识上呈现新的态势。"三言二拍"就在很大程度上展示了这种不同于以往的新的价值取向和观念意识。

（一）重商风气的盛行

中国传统上是一个重农抑商的国度，"士农工商"四民等级排列中商人处于末位，经商是为人所鄙视的职业。随着大运河的开通，商品经济得到前所未有的发展，商人的经济实力不断增强，商人的社会地位也不断攀升，传统的价值取向和观念受到了强烈冲击，经商渐被视为正业，商人也得到认同和尊重，运河区域的重商风气十分浓重。《恒言》第十七卷中，作者听闻当时有一尚书，有五个儿子，却只教长子读书，以下四子农、工、商、贾各执一艺。有人认为此举非上人之所为，劝让五子皆"习儒"，走传统的科举道路，老尚书却说："世人尽道读书好，只恐读书读不了。读书个个望公卿，几人能向金阶跑？……农工商贾虽然贱，各务营生不辞倦……一脉书香付长房，诸儿恰好四民良。"封建体制内的老官僚都已经平等地看待工商业者与士人了，可见当时的重商风气。《初刻》第八卷《乌将军一饭必酬》中苏州的王生，由婶母杨氏抚养长大。成年之后，他的婶母杨氏鼓励他："我身边有的家资，并你父亲剩下的，尽勾营运。待我凑成千来两，你到江湖上做些买卖。"身为弱质女流的杨氏没有鼓励侄儿走读书科举的道路，却让他继承父业去经商，可见当时经商为正业的观念在运河区域是非常普遍的。

商人地位的提高及生活的富足，对其他社会阶层具有极大的诱惑力，"文不经商，士不理财"的固守信条逐渐被打破。运河沿线上弃儒从商者渐多，并且社会对他们的行为也表现出宽容、理解甚至肯定的态度。如《明言》第十八卷《杨八老越国奇逢》中的杨复，"读书不成，家事日渐消乏"，就"凑些资本，买办货物，往漳州商贩，图几分利息，以为赡家之资"。《恒言》第十卷《刘小官雌雄兄弟》中山东书生刘奇是个饱学之士，曾经随父"三考在京"，但后来因为遭遇变故，无心向学，在河西务镇开起一布店，"一二年间，

挣下一个老大家业"。《二刻》第三十七卷则写徽商程宰,本"世代儒门,少时多曾习读诗书",但在当地"以商贾为第一等生业,科第反在次着"的风俗影响下,也毅然弃学经商,最后"囊中丰富"。作品通过他们经商的成功,肯定了其弃儒从商的人生选择,反映了在运河区域商业文化的撞击下,旧观念的破除和新观念的更新。

再从作品总体上看,"三言二拍"塑造了为数众多的商人形象,其中提及运河区域商人的作品有数十篇。在这些作品中,冯梦龙和凌濛初尤其肯定并颂扬了那些在商业活动和人际交往中能展现出忠厚、正直、恪守信义等优良品德的商人,比如《吕大郎还金完骨肉》中的无锡商人吕金、《刘小官雌雄兄弟》中的天津商人刘德一家、《施润泽滩阙遇友》中的苏州商人施复等。这些商人因为品性纯良、诚信正直,最后都得到了圆满的结局。"三言二拍"花如此多的篇幅来写商人,对商人和商业活动如此积极肯定和热切关心,正反映了当时运河区域重商风气的普遍和盛行。

(二) 重视人性的价值观和道德观

南宋以后,理学兴起,中国传统的价值观趋向更加保守的状态,它要求人们"存天理,灭人欲",妇女则要严格遵守"三从四德""贞操节守"等封建礼教。这些传统的价值取向和道德观念在运河地区商品经济的冲击下产生了裂痕,人们逐渐冲破束缚,发现自我,重视"人欲",形成了一种新的价值观和道德观。"三言二拍"中对此也有所表现。

首先是对金钱和财富的崇拜及追求。运河区域由于商品经济繁荣,社会产品更加丰富,金钱渐渐成为社会权力的重要杠杆,再加上富裕阶层五光十色生活的诱惑,许多人对金钱越来越重视,凡事以金钱为中心,拜金主义的思想流行。在"三言二拍"中可以看到,追求金钱和财富几乎成为上至士大夫下到普通百姓的全社会成员的共同理想。《通言》第二十四卷《玉堂春落难逢夫》中的尚书王琼采取"零存整取"的方式赚取利息,"有几两俸银,都借在他人名下",罢官后让三子王景隆去讨取,竟有三万两。可见官宦之家也在疯狂追逐金钱。商人追求钱财无可厚非,但除了通过正当途径获利的外,也有昧着良心不择手段的。《初刻》第十五卷《卫朝奉狠心盘贵产》中的卫朝奉,在南京三山街开解铺,当地陈秀才向他借了三百两银子,他却谋夺了陈秀才价值千两的庄园。《初刻》第二十二卷中的富商郭七郎花了五千两银子买来一个横州刺史,他当官的目的不为其他,只是以官权为自己谋金钱之利,"做得一年两年,重撑门户,改换规模"。《二刻》第十六卷《迟取券毛烈赖原钱》中的明州(宁波)"富民林氏"与夏主簿合开一酒坊,但林氏欺"夏主簿是个忠厚人",就勾结官府侵吞了合作者数年积累的利息,致使夏主簿含冤而死。

普通平民对金钱也是趋之若鹜,想方设法地获取。如《初刻》第十一卷《恶船家计赚假尸银》中浙江永嘉一个摆渡的船家周四在河里打捞了一具无名死尸,假称是被王秀才打死的,讹诈了王秀才六十两银子。《恒言》第三十五卷《徐老仆义愤成家》中的颜氏因为丈夫身亡,家道败落,被两个伯伯冷落和看不起,后来她的老仆阿寄生意做成,发家致富,两个伯伯就"整日眼红颈赤"。还有那些在运河上杀人劫财的,如前文提到的张稍、陈小四、徐能之辈,更是为了金钱做下伤天害理的恶行。从中也可看出平民阶层对金钱的态度。

其次是运河区域女性传统道德观的动摇和改变。南宋的程朱理学兴盛后,强加在妇女身上的道德枷锁越来越沉重,她们的合理权利受到限制,人身自由受到禁锢。运河商品经济的繁荣,重利思想、享乐主义的盛行在一定程度上改变了传统的女性道德观,越来越多的女性开始追求应有的权利和自身的幸福。"三言二拍"对此有很好的体现。《初刻》第十六卷《张溜儿熟布迷魂局》中,已婚之妇陆蕙娘抛弃了品性不端的丈夫张溜儿,跟书生沈灿若恋爱、结婚,最终还做了知县夫人。陆蕙娘的做法与"嫁鸡随鸡,嫁狗随狗"的传统女性婚恋观是完全相悖的,但作者却给予她一个非常幸福的结局,这不仅符合当时社会生活的现实状况,而且体现了作者对新价值观念的肯定。《通言》第三十二卷中的杜十娘,是处于社会最底层的妓女。她没有因为出身低贱而随波逐流,而是勇敢、执着地追求自己的爱情和幸福。虽然由于李甲的背叛,她没有得到真正的爱情,但她的行为却是对传统礼教和婚恋观的强烈反抗。《恒言》第三卷

《卖油郎独占花魁》中的卖油小商贩秦重对名妓王美娘由欲到情，最终两人终成眷属。两人的感情是建立在平等的互相尊重基础上的，完全打破了传统的爱情婚姻模式。

最后，运河区域出现了有悖于传统贞节观的新观念。"三言二拍"中的很多女性敢于蔑视重视"贞操守节"的旧道德传统，而以男欢女爱、幸福美满的生活作为新价值观念的标准。《通言》第三十五卷《况太守断死孩儿》中直隶扬州府的邵氏在丈夫死后立志守节，但苦熬十年后，还是禁不住情欲的诱惑，与仆人得贵有了私情。《初刻》第二卷《姚滴珠避羞惹羞》中的姚滴珠，因新婚独居，生活不如意，在别人的唆使下成了吴大郎的小妾，得到了情欲的满足。特别是《明言》第一卷《蒋兴哥重会珍珠衫》中的王三巧，因丈夫蒋兴哥外出经商，独守空房，不堪寂寞，便趁机偷情。蒋兴哥知道奸情后首先自责是自己长期在外才让妻子有外遇的，然后和平地休了她。在经历一番波折后，夫妻破镜重圆。像这样敢于挣脱禁欲的枷锁，追求情欲享受的妇女形象在"三言二拍"中为数不少。这些都说明传统贞操观念在经济发达的运河区域正逐渐失去支配作用，一种不同于以往的、比较宽容的、人性的贞节观出现了。当然，贞节观的变化还包括另一属于糟粕的方面，即淫乱纵欲的问题，这是风气堕落的表现，也是贞节观淡漠的后果，这一点是要注意区别的。

总之，"三言二拍"以其独特的艺术魅力和角度，描绘了运河区域的交通、商业文化，以及这一"经济特区"出现的新的价值取向和观念意识，从而艺术、生动地展现了精彩纷呈的运河文化。

（作者为淮安市大运河文化研究中心办公室助理研究员，华中师范大学中国史博士）

千年运河大,"三言"传奇多
——冯梦龙运河小说的人文地理解读

李志红

摘　要: 冯梦龙的"三言"中,有将近20篇小说的故事发生于京杭大运河流经的城市。本文从"三言"故事中摘取部分与大运河相关的精彩篇幅,一一进行点评诠释,探究其人文地理内涵。

关键词: "三言"　小说故事　人文地理

冯梦龙的《喻世明言》《警世通言》《醒世恒言》,合称"三言"。"三言"的时间跨度从春秋到明代两千余年,空间跨度从仙宫到地狱,遍及神、人、鬼,故事内容涉及军事、政治、经济、文化、历史、地理、社会、传记、玄幻等多方面,其中还有多篇小说写到了大运河。

京杭大运河开凿于春秋,完成于隋朝,繁荣于唐宋,取直于元代,疏浚于明清,以航运里程最长、开通时间最早而位列世界十大运河之首。一条运河,两千公里,三个节点,四段组成,过五大河,经六个省,京杭大运河作为南北的交通大动脉,对中国南北地区之间的经济、文化发展与交流有着巨大贡献,特别是对沿线地区工农业经济的发展起了巨大作用。

"三言"中,就有很多篇幅将故事的发生或人物活动地点设置在京杭大运河流经的城市,如苏州、杭州、开封、洛阳、扬州、南京、嘉兴、无锡、天津、北京等地。据不完全统计,120回篇目中,涉及大运河的有76篇,超过60%,其中与杭州(回目中称为临安、武林、余杭)有关的,就有26篇,超过20%。

本文从"三言"故事中摘取部分与大运河相关的精彩篇幅，进行论述。先从《喻世明言》说起。开篇第一卷《蒋兴哥重会珍珠衫》，说的是襄阳商人蒋兴哥，有家传珍珠衫（古时夏天穿的隔汗内衣，普通人家一般穿竹衫），他外出经商时，夫人王氏三巧儿被另一商人陈大郎骗奸后，将珍珠衫赠与陈大郎，后奸情败露，蒋兴哥休妻三巧儿，三巧儿转嫁潮阳知县吴杰。陈大郎病故，其妻平氏被蒋兴哥收为妻房。后蒋兴哥在潮阳惹出人命案子，吴知县不但设法周全，还义返三巧儿，蒋兴哥妻妾齐全、团圆到老的因果报应故事。

这篇小说的经典之处，在于奸情败露的细节。书中写道，陈大郎在苏州枫桥，运河之侧，投主脱货，与蒋兴哥不期而遇，两人一见如故，把酒言欢，陈大郎露出珍珠内衫，并洋洋自得，自述奸情。第二天，蒋兴哥开船远行，陈大郎气喘吁吁地从岸上赶来，托转礼物两件、书信一封给三巧儿。至此，一个色胆包天的蠢货，活灵活现地呈现在读者的眼前，也为后面故事的发展做了铺垫。京杭大运河苏州段是沿线最耀眼的一段，自望亭起，通浒关，流经枫桥、横塘驿站、宝带桥，向南通往吴江，全长31公里，书中故事在枫桥发生转折，当时的枫桥也恰是运河的中转货仓。

第十二卷《众名姬春风吊柳七》，说的是北宋词人柳永数度为官，放荡不羁，留连妓馆，情归名妓，孑然谢世的传奇人生。其中特别写道，柳永任余杭县宰时期，疏政好游，饮酒作乐，宛似风流首领。但他为官清正，以词曲闻名，特别是为官妓周月仙赎身配婚的故事，甚是动人，为大运河增添了人间情爱。

第二十一卷《临安里钱婆留发迹》，说的是吴越武肃王钱镠，小字婆留，在唐末逐渐占据以杭州为首的两浙十余州，依靠中原王朝，先后被封为越王、吴王、吴越王的传奇故事。钱王在世时，多次开浚钱塘湖，得其游览、灌溉两利，又引湖水为涌金池，与运河相通。在太湖地区专设撩水军负责浚湖、筑堤，使苏州、嘉兴、长洲等地得享灌溉之利，使江南运河畅通无阻。杭州最古老的运河是上塘河，是宝贵的世界遗产河道，在杭州境内有28公里。这条河作为大运河主航道，一直通航到1993年。上塘河的地势较高，经常缺水，过去靠引西湖的水入上塘河，让其顺利通航。现在看来唐末的钱镠王就做着这样的好事了。

第三十四卷《李公子救蛇获称心》是一篇奇幻故事,说南宋汴梁人士李元,到杭州看望做官的父亲,途经苏州吴江,救护了一条小蛇。书中写道:

> 至嘉禾,近吴江。从旧岁所观山色湖光,意中不舍。到长桥时,日已平西。李元教暂住行舟,且观景物,宿一宵,来早去。就桥下湾住船,上岸独步。上桥,登垂虹亭,凭阑伫目。遥望湖光潋滟,山色空濛;风定渔歌聚,波摇雁影分。①

书中所指长桥,便是被誉为"江南第一长桥"的吴江垂虹桥,全长500米,横跨吴淞江。江南运河东线,从平望经嘉兴、石门、崇福、塘栖、武林头到杭州,吴江东湖滨地区的吴淞江,就是大运河的一段。故事后来就在此间发展,小蛇原来是西海龙王之子,西海龙王盛邀李元赴宴,嫁女报恩,后助登科。故事落入了因果报应的俗套。

再看《警世通言》。第四卷《拗相公饮恨半山堂》,说的是王安石变法失败,辞相转任江宁府,在钟山(今南京)半山堂痰火疾发,呕血而亡的故事。书中写道:"东京至金陵,都有水路。荆公不用官船,微服而行,驾一小艇,由黄河溯流而下。"② 这里说的东京(开封)到金陵(南京)都有水路,指的就是大运河通济渠。当时已经流传着"汴河通,开封兴;汴河废,开封衰"的民谣。汴河的前身就是战国时的鸿沟,沟通了淮河与黄河,隋炀帝以此为基础开挖了通济渠,唐以后改称汴河。汴河作为大运河的重要组成部分,给北宋王朝带来了168年的繁华。

第十一卷《苏知县罗衫再合》,说的是明代涿州人苏云,登科及第,授浙江金华兰溪大尹,合家乘舟南下,在仪真转船时遇到强盗,强盗在黄天荡下手,苏云被缚,扔入水中,后被客船救起。他的夫

---

① 魏同贤主编《冯梦龙全集·古今小说》,南京:凤凰出版社,2007年,第504 - 505页。

② 魏同贤主编《冯梦龙全集·警世通言》,南京:凤凰出版社,2007年,第41页。

人郑氏怀孕九月，侥幸逃脱，路上早产，被强盗捡去，收为义子。十九年后，小孩登科，授南京御史。郑氏出家为尼，托钵化斋到南京，拦轿叫屈，苏云也被烈帝托梦，到御史衙门告状。几经周折，强盗伏法，夫妻、父子团聚。

书中提到的涿州、仪征、黄天荡、南京，都是京杭大运河的节点。但是，特别值得研究的是，苏知县赴任之时，乘的是免费的回头官座。书中这样写道：

> 原来坐船有个规矩，但是顺便回家，不论客货私货，都装载得满满的，却去揽一位官人乘坐，借其名号，免他一路税课，不要那官人的船钱，反出几十两银子送他，为孝顺之礼，谓之坐舱钱。①

当时，一方面，大运河北方段经过元、明两代改造，已经修建了济州河、会通河、㶚河、通惠河，使北京、河北、天津的漕运更加方便。另一方面，明代的漕运已经相当发达，促进了城市商业的发展。官兵们也在给朝廷运粮的途中，随船夹带各地特产，沿途贩卖，补贴家用。甚至后来由于此举日渐频繁，皇帝也同意了这种商业活动。洪武年间，朝廷就准许运军附载私物。再往后的明仁宗时期，皇帝再次下令"官军运粮……除运正粮外，附载自己物件，官司毋得阻当"②。这些诏令可以证明当时政府对此种行为持支持态度，因为这促进了南北货物的流通，使大运河沿线城市经济得到了快速发展。

南方的丝绸、茶叶、糖、竹、木、漆、陶瓷等源源不断地运往北方，北方的松木、皮货、煤炭、杂品等也不断由运河南下。政府为了加强税收管理，建立了严密的税收制度，在沿运河要地设立税收，对过往船只、商品征收关税，这些关税成为政府的重要收入来

---

① 魏同贤主编《冯梦龙全集·警世通言》，南京：凤凰出版社，2007年，第135－136页。
② 〔清〕孙承泽著，王剑英点校《春明梦余录》（上），北京：北京出版社，2018年，第650页。

源之一。书中告诉我们:"过了扬州广陵驿,将近仪真。因船是年远的,又带货太重,发起漏来,满船人都慌了。"① 所以苏知县才会在仪真转船,遇到黑船贼盗,故事也就此开始了转折。

第二十六卷《唐解元一笑姻缘》,说的是脍炙人口的唐伯虎卖身华府追求秋香的故事。初时,唐伯虎在阊门游船鬻画,华府画舫摇过,秋香一笑;后与好友王雅宜坐船同去茅山进香,在无锡惠山取水,借故别离;接着化名康宣,卖身华府,博得秋香,逃离华府回苏;最后华学士追至苏州,与唐伯虎结为亲戚。此故事从一个侧面说明明代苏州阊门已经是繁华之地,同时,大运河功能已经不仅仅是漕运货物,更是成了旅游专线。

第二十八卷《白娘子永镇雷峰塔》是"三言"中的一篇奇幻故事,也是经典的民间传说。故事内容不再赘述,但故事发生的地点,如西湖借伞相遇、苏州成亲、镇江水漫金山、西湖断桥相会、永镇雷峰塔,都与大运河相关。作者将故事的时间设定在南宋绍兴年间,首都临安是全国的政治、经济、文化中心,也是全国最大的商业城市。通过大运河的运输,临安与全国各地有频繁的商品交流和广泛的经济联系。各地每天运来临安集散的商品种类不下数百种,造就了临安茶楼酒肆、歌馆妓楼昼夜不息的繁华,也是南宋小朝廷能偏安一隅的主要原因。

再看另一篇经典传奇,第三十二卷《杜十娘怒沉百宝箱》。故事内容也不再赘述,但看那监生李甲,是浙江绍兴府人氏,在北京与同乡监生柳遇春同游教坊,识得名姬杜媺(十娘);另一男主角孙富,是徽州新安人氏,在扬州种盐。故事的发生地点在瓜洲。瓜洲就是现在的扬州市邗江区瓜洲镇,处于扬州市古运河下游与长江交汇处,自古以来便是著名渡口。历史上与瓜洲渡相关的故事与文学作品不胜枚举,最知名的就是陆游《书愤》中的"楼船夜雪瓜洲渡,铁马秋风大散关"两句。在大运河上谈起杜十娘的故事,使这条充满商业气息的河流平添了几分感伤情怀。

本篇最令人深思的是结尾部分,李甲郁成狂疾,终身不痊;孙

---

① 魏同贤主编《冯梦龙全集·警世通言》,南京:凤凰出版社,2007年,第136页。

富受惊，奄奄而逝。柳遇春在京坐监完满，束装回乡，停舟瓜步。瓜步也就是今天南京六合区瓜埠镇，也是古运河重要渡口和商品集散地。柳遇春临江洗脸，坠盆于水，觅渔人打捞，捞得珍珠宝盒，夜间十娘托梦，报答当年襄金之助。可谓善有善报，恶有恶报，天理昭昭！

《醒世恒言》第六卷《小水湾天狐诒书》，说的是唐代王臣，避安史之乱于杭州，返京途中，在樊川弹伤二狐，二狐化身为王臣家丁，分别在王臣与王妈妈二处投书，骗其双方变卖家产，使王臣母子成为无家可归之人的奇幻故事。

书中奇妙之处在于，王妈妈得知儿子做官，兴高采烈，变卖家产，离开杭州，由嘉禾、苏州、常州、润州一路，快舟向京城进发。王臣得知母亲亡故，悲痛欲绝，也兼程而进，到达扬州码头。"只见一只官船，溯流而上，船头站着四五个人，喜笑歌唱，甚是得意。渐渐至近，打一看时，不是别个，都是自己家人。"①

从这篇小说可以看出，在唐代，哪怕是安史之乱后期，大运河仍然是畅通无阻的，王臣应该是从长安的广通渠转通济渠、邗沟到江都的。至于王妈妈，书中交代得更清楚了，从杭州经嘉兴、苏州、常州、镇江一路到达扬州码头。这也是大运河见证的一出人间悲剧。

第十卷《刘小官雌雄兄弟》，说的是明代宣德年间，有刘德夫妇，膝下无子，在河西务镇，也就是如今天津的武清区，开设了一家近河酒肆。书中写道：

> 这镇在运河之旁，离北京有二百里田地，乃各省出入京都的要路。舟楫聚泊，如蚂蚁一般。车音马迹，日夜络绎不绝。上有居民数百余家，边河为市，好不富庶。②

史载：河西务镇起源于汉朝，崛起于元初，兴盛于明清。古为漕运码头、榷税钞关、水陆驿站所在地，素有"京东第一镇"和

---

① 魏同贤主编《冯梦龙全集·醒世恒言》，南京：凤凰出版社，2007年，第116页。
② 同上书，第194页。

"津门首驿"之称。金初迁都燕京后,"改凿"运河,经天津三岔口溯潞水至通州达燕京,从此天津成为漕运的枢纽。元代定都北京后,每年有大量漕运粮食从南方海运至大沽口进入海河,又经北运河转运至北京。明永乐时,罢海运及陆运,专事河运,南来的漕船经南运河进入天津,在三岔河口转入北运河,将粮食、绸缎、建材等直接运送至北京,最盛时河上漕船多达一万余只,船工最多达12万人,天津随之而兴。

书中所展现的繁华景象,一是因为漕运发达,天津商品种类迅速增加;二是漕运卸货口岸,催生出大量繁荣的集市;三是漕运人员的消费,促进了天津各行各业的发展。所以,刘公夫妇酒店的生意应该是很好的。正因为生意好,所以才有余财,"平昔好善,极肯周济"。

故事开始时,刘公夫妇在风雪之夜收留了贫困潦倒的退役军士方勇及其12岁的女扮男装的小儿,方勇染病不治,小儿继为螟蛉,取名刘方。两年后,"时值深秋,大风大雨,下了半月有余,那运河内的水暴涨,有十来丈高下,犹如百沸汤一般,又紧又急"①。寥寥数笔,作者对运河水患的描写,生动形象。

大运河武清段是大运河最具特色的河段,也是天津市范围内最长的河段。其独特之处有三:其一,它是京畿门户,掌管着漕船进京的大权。其二,它是潮汐河道。过去曾有"潮不过三杨"的说法。即渤海湾所形成的潮汐,通过海河干流及支流,可以上溯到陆地一定范围内,其中往西经南运河可以到达杨柳青,往南经过子牙河、中亭河可以到达杨芬港,往北经过北运河可以到达杨村。就北部方向而言,潮汐沿北运河可以上溯到杨村,但到杨村后,受海拔因素制约,潮头到此即行停止。其三,历史上,北运河还是一条重要的行洪河道。在元、明、清及民国时期,几乎年年发洪水,沿岸及周边村落经常受到决口的影响,形成了独有的地理景观(如夹道洼、牛角洼)、水工遗存(如青龙湾减河、筐儿港水利枢纽及减河)及涉及洪水的民间传说、历史事件等。

---

① 魏同贤主编《冯梦龙全集·醒世恒言》,南京:凤凰出版社,2007年,第201页。

这个时候，书中的主角刘奇出场了。刘奇落水被救，在刘公家养伤治病，几经周折，认刘公夫妇为父母，与刘方同称兄弟。数年后，刘公夫妇患病老去，刘奇刘方兄弟"把酒店收了，开起一个布店来。四方过往客商，来买货的，见二人少年志诚，物价公道，传播开去，慕名来买者，挨挤不开。一二年间，挣下一个老大家业，比刘公时已多数倍"①。在当时的天津，在这样独特的地域环境下，只要认真经商，就能有所获。最后刘方道破真相，二人结为夫妇。"那时哄动了河西务一镇，无不称为异事，赞叹刘家一门孝义贞烈。刘奇成亲之后，夫妇相敬如宾，挣起大大家事，生下五男二女。至今子孙蕃盛，遂为巨族，人皆称为'刘方三义村'云。"②

据考，书中的三义村就是现在的北三里屯。北三里屯村濒临北运河，元代军队屯田成村，系"三翼屯田军"驻地，始称三翼屯，后讹传成三里屯。1984年地名普查时，为区别县内同名的三里屯，更今名北三里屯村。2017年5月，"三义屯雌雄兄弟传说"被列入天津市第四批市级非物质文化遗产代表性项目名录中的民间文学类项目。天津的刘姓也是当今旺族。

最后，我们来看冯梦龙对大运河的建造者隋炀帝的描写。第二十四卷《隋炀帝逸游召谴》，对隋炀帝从立为太子到被杀身亡的一生做了极其精简的概述，当然重点还是落在了隋炀帝的穷奢极欲、暴虐无道、荒淫无度之上，以符合底层广大受众的口味。

对于开凿大运河的过程，书中只用了五百来字，就把开凿大运河的目的及其筹划、施工与竣工表述清楚。大意如下：隋炀帝欲至广陵，旦夕游赏，君臣皆阻。大夫萧怀静谏议广集兵夫，于大梁起首开掘，西自河阴，引孟津水入，东至淮阴，放孟津水出，千里之地，直达广陵。帝命征北大总管麻叔谋为开河都护，左屯卫将军令狐达为开河副使，诏发天下丁夫，男年十五以上、五十以下者皆至。如有隐匿者，斩三族。凡役夫五百四十三万余人，昼夜开掘，急如星火。又诏江淮诸州，造大船五百只。到得开河功役渐次将成，龙

---

① 魏同贤主编《冯梦龙全集·醒世恒言》，南京：凤凰出版社，2007年，第207页。
② 同上书，第210页。

舟亦就。帝幸江都。帝意不回，作诗留别宫人云："我梦江南好，征辽亦偶然。但存颜色在，离别只今年。"

史载：杨广下令调征河南、淮北诸郡人民百多万人修通济渠，西段自洛阳西苑引谷水、洛水循阳渠故道入黄河，东段走汴渠故道从黄河入淮水，还征发淮南民工十多万人修东汉陈登所开的邗沟直道，自山阳至扬子入长江，渠宽四十步，两旁皆筑工整平坦的御道，夹种杨柳。从长安到江都，修建离宫四十多座。接着，他派人到江南造龙舟和杂船数万艘。而后，杨广又下命疏浚汉代屯氏河、大河故渎与曹操所开白沟为永济渠，疏浚春秋吴运河、秦丹徒水道、南朝运河为江南河，后统名为隋朝大运河。

卷目中的描述与历史基本相符，隋炀帝开凿大运河确实是为了到扬州恣意寻欢作乐，开凿大运河的工程和隋炀帝到扬州后的一系列作为，给运河沿线人民带来了无尽的痛苦，对于每家每户简直是灭顶之灾。书中也有详述，在此不再赘述。

唐代胡曾有《汴水》诗一首，对此有总结性表述："千里长河一旦开，亡隋波浪九天来。锦帆未落干戈起，惆怅龙舟更不回。"①但是在客观上，京杭大运河对于中国的政治、经济、文化，甚至历史进程都影响巨大。大运河反映了中国古代水利航运工程技术领先于世界的卓越成就，贯穿了河南、河北、江苏、浙江等省，连接了海河、黄河、淮河、长江和钱塘江五大水系，加强了南北之间的交通、交流和交融，促进了沿岸地区城镇和工商业的发展，并且在为沿岸城市提供灌溉用水的同时，也减少了特大水灾的发生。

隋以后，列代帝王多次疏浚、修建、拓展运河，因为大运河也是巩固封建专制中央集权制度的有力保障。晚唐诗人李故方《汴河直进船》一诗，则客观地分析了大运河的利弊："汴水通淮利最多，生人为害亦相和。东南四十三州地，取尽脂膏是此河。"②

以上简单列举了"三言"中与大运河相关的十二个经典回目，从一个侧面反映了大运河的时代特征。两千公里的大运河，贯通南

---

① 周振甫主编《唐诗宋词元曲全集·全唐诗》（第12册），合肥：黄山书社，1999年，第4810页。

② 同上书，第3756页。

北,水到人聚,有水就有生活,有人就有故事。运河沿岸是当时中国经济文化生活最丰富的地方,也是人们向往的地方,这样的地方可以给作家叙写故事提供极其广阔的人文背景。明清话本创作的主要来源是运河沿岸的民间说唱,整体以运河沿岸城市与市镇商业生活为背景的通俗小说也较多。但是冯梦龙的"三言"无论是在成书时间上、故事构架上、作品影响上,还是在思想教化上,都居于领先地位。这与他出生长洲、紧邻运河,藏书世家、书商之后,屡试不第、身居底层,丹徒训导、寿宁知县,反清复明、抱残守缺的人生经历有关,最终是他的千古之笔,写就了千古小说,汲取千古奔流的运河养分,成就了他本人的千古之名。

(作者为苏州嘉美文化艺术交流有限公司创意总监)

处处笙歌入醉乡

——从"三言"看明代中后期大运河音乐文化

王小龙

摘 要：冯梦龙"三言"堪称明代中后期市井世相的"百科全书"。其中许多篇章从多个侧面反映出明代中后期大运河音乐文化的繁盛与多彩。"三言"中的描述表明，大运河是促进音乐走向寻常百姓家的有力推手。本文意在钩沉"三言"中反映出的明中后期大运河音乐文化，包括乐人、乐事等情况。钩稽这些资料有助于了解明代中后期大运河音乐文化全貌，从而更为全面地理解明代音乐史。

关键词：冯梦龙 "三言" 大运河音乐文化

引 言

我国杰出的通俗文艺作家冯梦龙，传世之作数以百千计，著述数千万言。其中以话本小说"三言"影响最为深远，有些篇章情节被改编为多种戏曲曲艺形式，成为五百多年来家喻户晓的经典故事。如杜十娘、苏三、王美娘、沈小霞、张廷秀等人物及相应故事被改编为昆剧、京剧、越剧、苏剧等。探讨、研究"三言"，深入分析其人物性格和故事发展脉络，可以鉴古知今，乃至对于理解中华民族深层的民族文化心理都是非常有助益的。

冯梦龙一生中的大部分时间生活在苏州，苏州是运河沿线重要城市，交通便捷，人员往来频繁，冯梦龙由此了解了运河流域的民俗风情，并进而扩大到古今中外各种题材，这也就是"三言"中频频涉及运河文化的原因。

"三言"中明确提及"运河"的有三处，一是《喻世明言》第三十二卷《游酆都胡母迪吟诗》中提到秦桧后人府上衰败后,"朝廷开浚运河,畚土堆积府门"①,这从一个侧面说明了南宋时期对运河的疏浚。二是《醒世恒言》第十卷《刘小官雌雄兄弟》中提及刘德的住处,"家住河西务镇上。这镇在运河之旁,离北京有二百里田地,乃各省出入京都的要路。舟楫聚泊,如蚂蚁一般;车音马迹,日夜络绎不绝。上有居民数百余家,边河为市,好不富庶"②。三是本篇中,提及刘德养子刘方(其实是女孩)在刘德家已生活了两年之久,"时值深秋,大风大雨,下了半月有余,那运河内的水,暴涨有十来丈高下,犹如百沸汤一般,又紧又急。往来的船只坏了无数"③。但是"三言"中提及运河沿线城镇及运河两岸风土人情的篇章则数不胜数。如名篇《杜十娘怒沉百宝箱》故事发生的地点在京城、潞河、瓜洲,都是运河沿线。《玉堂春落难逢夫》故事发生地在北京、山西洪洞、南京等地,也是运河沿岸重要城市和地区。《张廷秀逃生救父》故事的发生地则辗转于苏州、镇江、南京、北京等城市间。可以说,因为京杭大运河是明代交通大动脉,"三言"中的传奇故事多多少少与之有着千丝万缕的联系,说"三言"是明代中后期大运河文化的集中反映也不为过。

明代中后期,商品经济迅速发展,很多学者认为这是资本主义萌芽时期。这时出现了许多富甲一方的商人群体,如徽商、苏商、晋商等,他们经济上比较宽裕后,就相应地在文化娱乐上有所追求,这也带动了全社会追求声色之娱的社会风气。"三言"中有非常多的篇幅涉及这一现象。

鉴于笔者是音乐学者,出于专业本位,自然对"三言"中有关音乐的描写颇感兴趣。笔者认为,研究"三言"中涉及的大运河音乐文化,至少有以下几点意义:

第一,从音乐史的角度看,可以更为全面地了解明代中后期的音乐发展状况。20世纪80年代后,学界提倡"眼界向下的革命",将历史的宏大叙事转移到百姓"日常生活史""社会心态史"的研

---

① 〔明〕冯梦龙编著《喻世明言:绣像珍藏本》,长沙:岳麓书社,2016年,第312页。
② 〔明〕冯梦龙编著《醒世恒言:绣像珍藏本》,长沙:岳麓书社,2016年,第126页。
③ 同①书,第131页。

究视域中来。"三言"恰恰是明代中后期各色人等的传奇，挖掘其中的音乐因素可以极大地丰富对明代中后期音乐社会生活史的认识。

第二，从文化研究的角度看，可以为大运河文化研究提供崭新的认识视角。学界对"水与音乐"课题的研究及大运河与音乐关系的研究还处在起步阶段，大运河是如何哺育中国传统音乐艺术的，中国传统音乐艺术又是如何为大运河文化增添自己独有的色彩的，这方面的涉及很少。还有，大运河描写了运河沿线城市如北京、临清、扬州、苏州、杭州等城市的戏曲、曲艺音乐品种。从"三言"中钩沉音乐文化现象的描写和论述，可以加深对大运河文化的全面了解。

第三，从社会发展的角度看，可以为运河文化的保护、发展提供借鉴。当前我国正迈向全面小康，不断满足人们对美好生活的向往是今后很长一段时间的建设任务。"三言"中的很多传奇都反映了人们对音乐生活的追求与向往，研究其背后的动因，对于促进运河文化的保护和发展是有极大帮助的。

学界曾有学者对《红楼梦》与音乐的关系作详细论述[①]，但对冯梦龙与音乐关系的研究主要集中在其搜集的民歌集与创编的戏曲上，对于冯梦龙其他作品中音乐现象的研究着笔则不多见，对冯梦龙"三言"与大运河音乐文化的关系的研究还属新发之地。有鉴于此，笔者不揣疏陋，草成此文就教大方。

一、"三言"对音乐生活的笼统描述

因"三言"重在描述"先代奇迹及闾里新闻"[②]之类传奇，因此对音乐生活作专门描述的篇章较少，仅有《喻世明言》第十二卷《众名姬春风吊柳七》、《警世通言》第一卷《俞伯牙摔琴谢知音》等，前者出现大量吴歌辞章，后者有较多古琴音乐的相关论述。但其鹄的，前者在于抒发怀才不遇之感，慨叹朝廷还不及一众妓女怜才，后者在于宣扬"管鲍之交""知音难觅"。但是，透过大量与音

---

① 详见孟凡玉《音乐家眼中的〈红楼梦〉》，北京：文化艺术出版社，2007年。
② 〔明〕冯梦龙编著《喻世明言：绣像珍藏本》，长沙：岳麓书社，2016年，绿天馆主人叙。

乐有关涉的情景的描绘，今人也能从侧面感受到明代中后期运河沿岸音乐生活的某些方面。

如"三言"中出现的高频词"琴""剑""书箱"，就是当时读书文士的标配，说明所谓"左琴右书""琴心剑胆"的传统在明代也是大行其道：

> 俞良便收拾琴剑书箱，择日起程，亲朋饯送①。（《警世通言》第六卷《俞仲举题诗遇上皇》）
>
> 话说大唐中和年间，博陵有个才子，姓崔，名护，生得风流俊雅，才貌无双。偶遇春榜动，选场开，收拾琴剑书箱，前往长安应举②。（《警世通言》第三十卷《金明池吴清逢爱爱》）
>
> 话说大宋仁宗皇帝朝间，有一个秀士，姓赵，名旭，字伯昇，乃是西川成都府人氏。自幼习学文章，诗、书、礼、乐一览下笔成文，乃是个饱学的秀才。喜闻东京开选……赵旭拜别了二亲，遂携琴、剑、书箱，带一仆人，径望东京进发。③（《喻世明言》第十一卷《赵伯昇茶肆遇仁宗》）
>
> 柳七官人别了众名姬，携着琴、剑、书箱，扮作游学秀士，迤逦上路，一路观看风景。④（《喻世明言》第十二卷《众名姬春风吊柳七》）
>
> 陈辛……收拾琴、剑、书箱，辞了亲戚邻里，封锁门户，离了东京⑤。（《喻世明言》第二十卷《陈从善梅岭失浑家》）
>
> 李元在前曾应举不第，近日琴书意懒，止游山玩水，以自娱乐。闻父命呼召，收拾琴、剑、书箱……⑥（《喻世明言》第三十四卷《李公子救蛇获称心》）

音乐史家谈及古琴在明代得到蓬勃发展时，都提及"市民阶层

---

① 〔明〕冯梦龙编著《警世通言：绣像珍藏本》，长沙：岳麓书社，2016年，第45页。
② 同上书，第305页。
③ 〔明〕冯梦龙编著《喻世明言：绣像珍藏本》，长沙：岳麓书社，2016年，第107页。
④ 同上书，第116页。
⑤ 同上书，第188页。
⑥ 同上书，第328页。

日益扩大""帝王贵族能琴爱琴风气很盛,导致朝野爱琴成风"等原因①。从"三言"中也可以看出这些端倪。

如《醒世恒言》第三卷《卖油郎独占花魁》,描写秦重第一次见王美娘:

> 那两个小厮手中,一个抱着琴囊,一个捧着几个手卷,腕上挂碧玉箫一枝,跟着起初的女娘出来。②

这说明一般高级妓女的随身之物少不了琴、箫等乐器。

再如《醒世恒言》第十五卷《赫大卿遗恨鸳鸯绦》,讲到尼姑庵房陈设:

> 行过几处房屋,又转过一条回廊,方是三间净室,收拾得好不精雅。外面一带,都是扶栏,庭中植梧桐二树,修竹数竿,百般花卉,纷纭辉映,但觉香气袭人。正中间供白描大士像一轴,古铜炉中,香烟馥馥,下设蒲团一坐。左一间放着朱红厨柜四个,都有封锁,想是收藏经典在内。右一间用围屏围着。进入看时,横设一张桐柏长书桌,左设花藤小椅,右边靠壁一张斑竹榻儿,壁上悬一张断纹古琴,书桌上笔砚精良,纤尘不染。侧边有经卷数帙,随手拈一卷翻看,金书小楷,字体摹仿赵松雪,后注年月,下书:"弟子空照薰沐写。"大卿问:"空照是何人?"答道:"就是小尼贱名。"③

"断纹古琴",是指年代久远的古琴,放到现在,定然价值不菲。2010年12月,北宋宋徽宗御制、清乾隆御铭的"松石间意"琴亮相北京保利秋拍会,经过激烈的竞价,最终以1.3664亿元成交,创造了世界古琴拍卖纪录,同时也创造了世界乐器拍卖纪录。这样的

---

① 参见章华英《古琴》,杭州:浙江人民出版社,2005年,第26—27页;孙继南、周柱铨主编《中国音乐通史简编》,济南:山东教育出版社,2012年,第119页。
② 〔明〕冯梦龙编著《醒世恒言:绣像珍藏本》,长沙:岳麓书社,2016年,第29页。
③ 同上书,第179页。

宝贝在冯梦龙笔下的尼姑庵房却是平常陈设,可见当时琴乐风气的盛行。

不仅是古琴,其他乐器也受到了当时人的追捧。

如《喻世明言》第四卷《闲云庵阮三冤债》,提到男主人公阮三郎:

> 年方二九,一貌非俗;诗词歌赋,般般皆晓。笃好吹箫。结交几个豪家子弟,每日向歌馆娼楼,留连风月。时遇上元灯夜,知会几个弟兄来家,笙箫弹唱,歌笑赏灯。这伙子弟在阮三家,吹唱到三更方散。阮三送出门,见行人稀少,静夜月明如画,向众人说道:"恁般良夜,何忍便睡?再举一曲何如?"众人依允,就在阶沿石上向月而坐,取出笙、箫、象板,口吐清音,呜呜咽咽的又吹唱起来。①

再如《醒世恒言》第十六卷《陆五汉硬留合色鞋》,讲主人公张荩:

> 学就一身吹弹蹴踘,惯在风月场中卖弄,烟花阵里钻研。……一日,正值春间,西湖上桃花盛开。隔夜请了两个名妓,一个唤做娇娇,一个叫做倩倩,又约了一般几个子弟,教人唤下湖船,要去游玩。自己打扮起来,头戴一顶时样绉纱巾,身穿着银红吴绫道袍,里边绣花白绫袄儿,脚下白绫袜、大红鞋,手中执一柄书画扇子。后面跟一个垂髫标致小厮,叫做清琴,是他的宠童,左臂上挂着一件披风,右手拿着一张弦子,一管紫箫,都是蜀锦制成囊儿盛裹。离了家中,望钱塘门摇摆而来。②

箫、弦子也是当时人喜爱的乐器。而杜十娘弹琵琶已是人尽皆

---

① 〔明〕冯梦龙编著《喻世明言:绣像珍藏本》,长沙:岳麓书社,2016年,第51页。
② 同上书,第198页。

知的事实。所以,"三言"中又有一个高频词"吹弹歌舞",说明吹奏乐器和弹拨乐器以及人声演唱在明代音乐娱乐生活中是很普遍的。

二、"三言"中涉及的专门乐人乐事

"三言"中关涉专门乐人乐事的有:对青年女子的培养往往教之以音乐,在婚礼等喜庆民俗场合大量使用笙箫鼓吹,妓院或者从妓者有专门的音乐歌舞表演等。

(一)对青年女子的培养

此处的青年女子,不仅限于良家妇女,也有妓院的青年女子,甚至还有所谓的男仆、男宠等。

如《喻世明言》第九卷《裴晋公义还原配》:"那小娥年方二九,生得脸似堆花,体如琢玉;又且通于音律,凡箫管、琵琶之类,无所不工。"①

《喻世明言》第四卷《闲云庵阮三偿冤债》中的女主人公玉兰:"那女孩儿生于贵室,长在深闺,青春二八,真有如花之容,似月之貌。况描绣针线,件件精通;琴棋书画,无所不晓。"②

《醒世恒言》第三卷《卖油郎独占花魁》:"自此九妈将瑶琴改做王美,一家都称为美娘,教他吹弹歌舞,无不尽善。"③

《醒世恒言》第二十九卷《卢太学诗酒傲公侯》:"后房粉黛,一个个声色兼妙,又选小奚秀美者数十人,教成吹弹歌曲,日以自娱。"④ 小奚即指小奚奴,即小男仆。

可见明代中后期的社会风气中,音乐只是一种"声色之娱"。有的时候也是渲染所谓"国泰民安、歌舞升平"的手段,如《警世通言》第二十四卷《玉堂春落难逢夫》中写王景隆与王定出外玩耍,但见:

人烟凑集,车马喧阗。人烟凑集,合四山五岳之音;车马

---

① 〔明〕冯梦龙编著《喻世明言:绣像珍藏本》,长沙:岳麓书社,2016年,第87页。
② 同上书,第50页。
③ 〔明〕冯梦龙编著《醒世恒言:绣像珍藏本》,长沙:岳麓书社,2016年,第23页。
④ 同上书,第412页。

喧阗，尽六部九卿之辈。做买做卖，总四方土产奇珍；闲荡闲游，靠万岁太平洪福。处处胡同铺锦绣，家家杯斝醉笙歌。

公子喜之不尽，忽然又见五七个宦家子弟，各拿琵琶、弦子，欢乐饮酒。①

这些与高尚情操的培养几乎无涉，像"俞伯牙摔琴谢知音"这样的鼓琴听琴雅事当时其实是非常稀有的。

其他一些篇幅，故事虽未发生在明代，但是也隐约能见到明代生活的一些影子，如《警世通言》第十卷《钱舍人题诗燕子楼》，形容唐朝名妓关盼盼："歌喉清亮，舞态婆娑。调弦成合格新声，品竹作出尘雅韵。琴弹古调，棋覆新图。赋诗琢句，追风雅见于篇中；搦管丹青，夺造化生于笔下。"② 同样也反映出对青年妓女音乐技能的培养。

（二）婚庆场合使用的民俗音乐

"三言"中的民俗音乐，多为婚礼音乐，且一般都描述为"笙箫鼓乐"。如《警世通言》第二十三卷《乐小舍弃生觅偶》：

择了吉日，喜家送些金帛之类，笙箫鼓乐，迎娶乐和到家成亲。③

《醒世恒言》第八卷《乔太守乱点鸳鸯谱》："且说迎亲的，一路笙箫聒耳，灯烛辉煌，到了刘家门首。"④

《醒世恒言》第七卷《钱秀才错占凤凰俦》对于喜庆民俗音乐的叙述则更为详细：

船到西山，已是下午。约莫离高家半里停泊，尤辰先到高

---

① 〔明〕冯梦龙编著《警世通言：绣像珍藏本》，长沙：岳麓书社，2016年，第222－223页。
② 同上书，第78页。
③ 同上书，第221页。
④ 〔明〕冯梦龙编著《醒世恒言：绣像珍藏本》，长沙：岳麓书社，2016年，第101页。

家报信。一面安排亲迎礼物，及新人乘坐百花彩轿，灯笼火把，共有数百。钱青打扮整齐，另有青绢暖轿，四抬四绰，笙箫鼓乐，径望高家而来……

只为堂中鼓乐喧阗，全不觉得，高赞叫乐人住了吹打听时，一片风声，吹得怪响，众皆愕然。急得尤辰只把脚跳，高赞心中大是不乐。只得重请入席，一面差人在外专看风色。看看天晓，那风越狂起来，刮得彤云密布，雪花飞舞。众人都起身看着天，做一块儿商议。一个道："这风还不像就住的。"一个道："半夜起的风，原要半夜里住。"又一个道："这等雪天，就是没风也怕行不得。"又一个道："只怕这雪还要大哩。"又一个道："风太急了，住了风，只怕湖胶。"又一个道："这太湖不愁他胶断，还怕的是风雪。"众人是怎般闲讲，高老和尤辰好生气闷。又捱一会，吃了早饭，风愈狂，雪愈大，料想今日过湖不成。错过了吉日良时，残冬腊月，未必有好日了。况且笙箫鼓乐，乘兴而来，怎好教他空去？①

我们知道，现在的婚礼音乐已经基本上被《婚礼进行曲》或者流行歌曲所代替。20世纪80年代前则是北方以唢呐领奏的吹打乐，南方是丝竹乐。冯梦龙所谓的"笙箫鼓乐"更接近现代意义上南方的丝竹音乐（又称"江南丝竹"）。

"三言"也有三处提及"丝竹"：一是《喻世明言》第十五卷《史弘肇龙虎君臣会》中对河南的描述："州名豫郡，府号河南。人烟聚百万之多，形势尽一时之胜。城池广阔，六街内士女骈阗；井邑繁华，九陌上轮蹄来往。风传丝竹，谁家别院奏清音？香散绮罗，到处名门开丽景。东连巩县，西接渑池，南通洛口之饶，北控黄河之险。金城缭绕，依稀似偃月之形；雉堞巍峨，仿佛有参天之状。虎符龙节王侯镇，朱户红楼将相家。休言昔日皇都，端的今时胜地②"。二是《警世通言》第九卷《李谪仙醉草吓蛮书》中李白敬献

---

① 〔明〕冯梦龙编著《醒世恒言：绣像珍藏本》，长沙：岳麓书社，2016年，第89页。
② 〔明〕冯梦龙编著《喻世明言：绣像珍藏本》，长沙：岳麓书社，2016年，第148页。

《清平调三章》后，玄宗"命龟年按调而歌，梨园众子弟丝竹并进，天子自吹玉笛以和之①"。三是《醒世恒言》第二十九卷《卢太学诗酒傲公侯》，提及卢楠等汪知县不耐烦，自己先享用原为知县准备的宴席，"小奚在堂中宫商迭奏，丝竹并呈"②，这里的"丝竹"似乎是一种泛指，表示安静祥和的器乐曲。

（三）妓院或从妓者专门的音乐表演

"三言"有不少篇幅涉及这样的场景，如：

《警世通言》第二十四卷《玉堂春落难逢夫》写王景隆第一次游妓院胡同，但见：

> 花街柳巷，绣阁朱楼。家家品竹弹丝，处处调脂弄粉。黄金买笑，无非公子王孙；红袖邀欢，都是妖姿丽色。正疑香雾弥天霭，忽听歌声别院娇。总然道学也迷魂，任是真僧须破戒。③

该篇又讲到王景隆与玉堂春第一次见面：

> 公子上坐，鸨儿自弹弦子，玉堂春清唱侑酒。弄得三官骨松筋痒，神荡魂迷。④

这也说明，在妓院中，品弄吹弹乐器是妓女的"职业技能"，这与明代中后期的其他著述也是一致的。如余怀《板桥杂记》说：

> 金陵都会之地，南曲靡丽之乡，纨茵浪子，萧瑟词人，往来游戏。马如游龙，车相接也。其间风月楼台，尊罍丝管，以及娈童狎客，杂技名优，献媚争妍，络绎奔赴。垂杨影外，片玉壶中，秋笛频吹，春莺乍啭。虽宋广平铁石心肠，不能不为

---

① 〔明〕冯梦龙编著《警世通言：绣像珍藏本》，长沙：岳麓书社，2016 年，第 74 页。
② 〔明〕冯梦龙编著《醒世恒言：绣像珍藏本》，长沙：岳麓书社，2016 年，第 420 页。
③ 同①书，第 223 页。
④ 同①书，第 225 页。

梅花作赋也。

同书又记写城市"妓家鳞次,比屋而居","妓家分别门户,争妍献媚","入夜而撾笛拧筝,梨园搬演,声彻九霄"①。由以上所述看,明代南京与王景隆游历的北京一样,烟花场所异常发达。

《杜十娘怒沉百宝箱》是"三言"中最为动人的杰作,见于《警世通言》第三十二卷。其中讲到杜十娘历经艰难终于从良后,李甲与她在赴瓜洲的船上同饮美酒、共赏良宵,这时李甲邀她唱一曲:

> 十娘兴亦勃发,遂开喉顿嗓,取扇按拍,呜呜咽咽,歌出元人施君美《拜月亭》杂剧上"状元执盏与婵娟"一曲,名《小桃红》。真个:
> 声飞霄汉云皆驻,响入深泉鱼出游。②

杜十娘演唱的《拜月亭》,乃是南戏"荆刘拜杀"四大名篇之一,主要写书生蒋世隆与王瑞兰于兵荒马乱中的离合故事。《拜月亭》共四折一楔子,主要情节是:战乱逃亡之中,王瑞兰与母亲失散,书生蒋世隆也与妹瑞莲失散。世隆与瑞兰相遇,共同逃难中产生感情,私下结为夫妇。瑞莲则与瑞兰的母亲结伴同行。瑞兰的父亲偶然在客店遇到瑞兰,嫌弃世隆是个穷秀才,门户不相称,催逼瑞兰撇下生病的世隆,跟自己回家,在路上又与老妻及瑞莲相遇。瑞兰一直惦念着世隆,焚香拜月,祷祝世隆平安,心事被瑞莲撞破。二人得知情由,姐妹之外又成姑嫂,愈加亲密。蒋世隆与逃难途中的结义兄弟分别高中文武状元,被势利的瑞兰之父招为女婿。世隆与瑞兰相见,知她情贞,夫妻终于团聚。瑞莲则与世隆的结义兄弟成婚。

该剧把大家闺秀、尚书之女王瑞兰在与蒋世隆结合过程中微妙的思想感情表现得细致逼真、生动自然。她本没有自己挑选女婿的

---

① 〔清〕余怀著,李金堂校注《板桥杂记:外一种》,上海:上海古籍出版社,2000年,第53页、第8页。
② 〔明〕冯梦龙编著《警世通言:绣像珍藏本》,长沙:岳麓书社,2016年,第328页。

心愿，战乱使她与世隆相遇，患难使她与穷秀才结合。她对世隆的忠诚有两个思想基础：一是世隆在关键时刻使她免遭乱军掳掠；二是自古及今，没有哪个人一生下来便做大官、享富贵的，世隆现在穷，将来总会发迹的。杜十娘在欢畅之时演唱《拜月亭》，其深意正在于此，也怀着对李甲深深的希冀。可惜她看走了眼。

"杜十娘怒沉百宝箱"故事的最后，杜十娘陆续将百宝箱沉入大江，"十娘叫公子抽第一层来看，只见翠羽明珰，瑶簪宝珥，充牣于中，约值数百金。十娘遽投之江中。李甲与孙富及两船之人，无不惊诧。又命公子再抽一箱，乃玉箫金管"[1]，也就是第二箱，全是贵重乐器。这也说明作为一个高级妓女，其所用乐器也是大有讲究的。这曲折反映出明代音乐艺术的高度发达。

当然，从以上对"三言"的引文也可以看出，明代中后期音乐虽然在大运河沿岸经济繁荣的影响下高度发达，但这是畸形的发展，其目的在于"声色之娱"，所谓"处处笙歌入醉乡"式的"醉生梦死"。正因为如此，明代中后期全民的文化生活显得并非那么积极乐观、健康向上，而是纵容感官，溺于声色，"充分显示了明代中后期资本主义因素以及与之相系的新道德观念发展的不成熟性"[2]。明代的覆亡与这样的音乐文化生活可以说并不是毫无关系。但是，这一现象也是中国音乐历史的一部分，作为后人对之进行全面的了解是必须的，只有这样才能不隐恶、不虚美，更加客观、理性地对待我们的文化遗产。

（作者为常熟理工学院师范学院音乐系副教授，常熟理工学院吴地音乐文化研究所所长，文学博士）

---

[1]〔明〕冯梦龙编著《警世通言：绣像珍藏本》，长沙：岳麓书社，2016年，第331页。
[2] 冯天瑜、何晓明、周积明《中华文化史》，上海：上海人民出版社，2010年，第525页。

冯梦龙作品与运河文化、市民文化特质的表达

卢彩娱

摘　要：生活于晚明运河沿岸的苏州人冯梦龙以其独特的生活经历和视野，深切地关注着明朝社会转型时期的新兴市民文化和运河文化，并在他的作品中加以凸显与表达。"三言"中有很多作品描述了明代中后期大运河沿岸的经济活动、手工业发展，再现了明代中后期运河城市的社会生活及文化，描述了大运河沿岸城市的兴起和经济的繁荣。这些作品较为清晰地表达出了以包容、开放、自由、平等、正义、平民化、"智"生活、休闲娱乐普及等为突出特质的市民文化和运河文化。

关键词：冯梦龙作品　运河文化　市民文化　特质　表达

大运河的通航，极大促进了中国南北经济文化的交流与发展，也促进了运河沿岸经济的繁荣和城市的兴起。随着商品经济渗透到城乡，城镇大量兴起。由商帮、作坊主、工匠、都市富人及城市贫民所组成的市民阶层，形成了一支新的社会力量。生活在运河沿岸的苏州人冯梦龙，其文学作品中融合了运河文化元素，展示了运河沿岸民众特别是新兴市民的生产生活面貌，表达出了以包容、开放、自由、平等、正义、平民化、大众化、"智"生活、休闲娱乐普及等为特质的市民文化和运河文化。

在冯梦龙的一些作品中，我们不仅能看到运河作为南北交通通道的重要性及运河沿岸人民生活的各种情景，还能体验到由运河汇聚而来的各种文化的碰撞，这些文化与商品经济大发展下的市民文化交流、相融，建构起了中国古代史上特殊的文化现象：运河文化

与市民文化共融所孕育的充满人性光辉的新文化、新思想。"三言"、《智囊》中写到商人生活或以商人为主人公的作品就占十分之一，多数涉及大运河沿岸的城市。应该说，冯梦龙作品所表达出的运河文化、市民文化与封建传统体系是冲突的、矛盾的，而冯梦龙作为这种冲突的矛盾体，站立在运河经济体的中轴点，深切地思考市民的生活和思想，表达出了运河文化、市民文化的某些特质，为我们留下了宝贵的文学财富。

一、追求以人为本，反映自由、平等、公正的市民意愿

苏州是运河上的"天下第一码头"，在商品流通促进商品经济发展的同时，北燕文化、齐鲁文化、吴越文化也在这里不断交流、碰撞。运河文化的这种包容、开放性，激发了商品经济与生俱来的平等、自由等特性，使得运河沿岸城市的市民文化特性十分突显。新兴市民带着他们先进的阶级意识，登上晚明社会舞台，在晚明社会的政治、经济和文化生活中打上了深深的烙印。冯梦龙作为封建士大夫，面对小农经济与家庭手工业结合基础上的两千多年的封建制度，以及在政治上、经济上势力不断增长的市民阶层，从自身的利益出发，开始挑战传统的封建专制制度，表达市民阶级的愿望和向往，勇敢地抒发新兴市民阶级的理想和意愿。

（一）认同、向往法律的公正性

传统儒家伦理教化主张以和为贵，追求忍让、"无讼"，这在"三言"里也有所表现。但是运河经济、商品经济的繁荣，势必带来一些利益的冲突，市民的观念有了变化，他们开始寻求保护自己利益的外力，这种外力就是法律。他们认同法律的公正性与严肃性，相信法律会保障自己的权益。例如《滕大尹鬼断家私》，倪守谦为了自己百年之后幼子能分得一份家产，生前巧设计谋，将一藏有哑谜的画轴传给梅氏母子。他去世后，弟兄间果然为了家产诉讼告官。滕大尹识破了画轴机密，装模作样地"鬼断"家产，巧用机关，将其一半占为己有，另一半则断给梅氏母子。这个故事中，倪守谦把公正的希望寄托给了法律。同时，因为对法律威严性的认同，有些人甚至将诉讼作为一种挣钱的手段，出现了只要有利可图就会诉讼

的情况。如《一文钱小隙造奇冤》中，面对来历不明的女尸，朱常沉着冷静，竟然想到利用女尸来谋利。在与赵家争夺田地时，他诬赖赵家将人打死，逼迫赵家让利与他，而当他向众人解释了他的"计谋"后，众人也非常高兴，既得了银子，官司也能打赢了，称赞他的"计谋"高明。冯梦龙将某些"见利忘命"的市民形象刻画得生动形象的同时，也表达了当时市民对法律的认同态度。

（二）"以人为本"，追求自由、平等

随着运河经济、商品经济的发展，"听民自为"成为当时经济政策的主张。凭借在经济活动中起着越来越重要的作用，新的市民阶层开始追求相应的政治地位。他们要求解除封建伦理对人性的束缚，追求"以人为本"，肯定人的价值。因此，主张建立平等的、符合人性发展的新道德观成为晚明时期市民的共识。如"三言"中除了描写许多年轻人对自由爱情的追求外，还有对女性的深切关注、同情和赞扬。在冯梦龙的笔下，女性一反之前柔弱的群像特征，而表现出积极抗争、主动争取的性格。冯梦龙认为，女性也可以靠自己的力量争取到幸福，这是女性觉醒的体现，也是人性发展的体现。《沈小霞相会出师表》讲述的就是明代沈氏父子不畏强权，勇于与强权势力作斗争的故事。作品在揭露和批判封建社会制度的黑暗及大小官吏倒行逆施的同时，也表达了清官及下层人物的反抗精神和正义感。如：沈炼敢于与严氏父子斗争到底，是时代"觉醒者"的典型代表。在抗争的过程中，贾石、闻淑女、冯主事抱团相助，体现了下层人物的正义感和不畏强权的侠义精神。特别是闻淑女，堪称封建社会新女性的代表，她聪慧勇敢，不畏牺牲，充满个性和自我意识，虽然只是地位低下的侍妾，但她忠于爱情，积极利用自己的机智为丈夫出谋划策。在封建男权社会里，闻淑女这一女性形象的出现无疑是有进步意义的。

二、以商入世，标举"智"文化、"智"生活

随着商业日渐繁荣，经商求利蔚然成风。虽然封建社会的性质依然如故，旧的经济基础和君主专制政治仍占据统治地位，但是，在商品经济空前活跃的前提下，如何利用智慧挣得财富、获得地位，

如何实实在在地享受当下的生活，成为明代市民生活的一种常态，影响着社会各个阶层。

（一）肯定以商入世的价值观

商业化的浪潮对社会的影响是巨大的，造成了当时入商海求利者比比皆是，并以此为荣的现象，这显然是对"学而优则仕""万般皆下品，惟有读书高"等理念的挑战。15世纪末，朝鲜人崔溥写下了《漂海录》，这是明代第一个行经运河全程的朝鲜人的逐日记录，一定程度上反映出了明代社会的政治、经济、文化、交通状况和生活习俗，尤其是对运河交通和沿岸风貌的记录，极为难得。他在书中记载："人皆以商贾为业，虽达官之家，或亲袖称锤，分析锱铢之利。"①明人丘濬也曾言："今夫天下之人，不为商者寡矣。"②这正是明朝中期以后商业向社会各阶层生活渗透的实录。冯梦龙所著的《警世通言》第四十卷《旌阳宫铁树镇妖》一篇中有"金陵人氏，自幼颇通经典，不意名途淹滞，莫能上达，今作南北经商之客耳"③，这说明知识分子在商品经济的冲击下产生了分流，一部分读书人开始认同并融入商业社会。进入晚明，入仕作官的读书人屈指可数，大部分长期处于失业状态。为生活所迫，一部分读书人开始放下身段，从事工商业。在《卖油郎独占花魁》里，秦重这个在传统观念中被认为是末流的小商人，却是冯梦龙大力肯定和歌颂的正面人物。

对于如何经商致富，冯梦龙认为要取之有道、不违仁义。《施润泽滩阙遇友》中的施润泽夫妇，不以拾银为喜，反以还银为安，是作者树立起来的"君子爱财，取之有道"的理想人物。"三言"中，这些平凡市民身上展现的人格力量和诚信品德，至今仍值得我们学习。

（二）追求实用，倡导智性生活

一代代运河人传承"锲而不舍，久久为功"的拼搏精神，创造了丰富多彩的大运河文明。正是在这种奋斗和创造中，人们越来越

---

① 〔韩〕朴元熇校注《崔溥漂海录校注》，上海：上海书店出版社，2013年，第166页。
② 〔明〕丘濬《重编琼台稿》，上海：上海古籍出版社，1991年，第205页。
③ 魏同贤主编《冯梦龙全集·警世通言》，南京：凤凰出版社，2007年，第648页。

感受到封建伦理道德的虚无缥缈。新兴的市民阶层认为，人活在世上最首要也最实用的是"智"，即与人交往的谋略，生产生活中的智慧、经验。以往被看轻、被贬斥的，认为是低级的实用之技和生活经验日益受到人们的重视，总结智慧经验的作品也应运而生。生活在运河边上的冯梦龙十分关注这种"智"，并把这种"智"汇总在书中，《智囊》就是其中最具社会政治特色和实用价值的故事集。冯梦龙在《智囊》自序中说："人有智，犹地有水；地无水为焦土，人无智为行尸。智用于人，犹水行于地。地势坳则水满之，人事坳则智满之。周览古今成败得失之林，蔑不由此。"① 他站在总结"古今成败得失"原因的高度来编辑这本书，注重实用，受到士子们的欢迎。同时，他的那些供市民阅读的拟话本、长篇说部、小说类书，以及戏曲、民歌、笑话等接地气之作，拥有很大的读者群，为书商带来了巨大的利润，冯梦龙也因此成为一位收入不菲的编辑出版家。冯梦龙在《杂智部总叙》中说："正智无取于狡，而正智或反为狡者困；大智无取于小，而大智或反为小者欺。破其狡，则正者胜矣，识其小，则大者又胜矣。况狡而归之于正，未始非正，小而充之于大，未始不大乎！"② 点明了这些杂智故事的认识价值。全书既有政治、军事、外交方面的大谋略，也有士卒、漂妇、仆奴、僧道、农夫、画工等小人物日常生活中的奇机妙智，这些故事汇成了中华民族古代智慧的海洋。在《闺智》一部中，冯梦龙还记叙了许多有才智、有勇谋、有远见卓识的妇女，这在"女子无才便是德"的封建时代具有鲜明的反封建意义。

冯梦龙还把市民"智"取向表达在"清官情结"中。"清官情结"是市民的一种共同的心理和价值取向。冯梦龙笔下的清官是机智的化身。"三言"中有大量描写清官维护正义、对弱者爱护的小说。例如，《陈御史巧勘金钗钿》主要讲述了陈御史细心追究，通过自己的耐心观察与过人智慧取得案件的关键证据，巧妙还原事实真相，伸张正义的故事。

---

① 魏同贤主编《冯梦龙全集·智囊》，南京：凤凰出版社，2007年，自序。
② 同上书，第643页。

三、通俗化、大众化，推崇率真朴实的文艺观

（一）文词通俗易懂接地气

运河贸易经济日渐繁荣，直接促进了晚明通俗文化的发展。"三言"中大多内容都是浅显通俗的，它用直白的语言写着世俗的生活，体现着人性的美丑。生活中的日常用语、称呼出现在了小说里，如"浑家""大娘""老婆"等，适应了市民日益增长的文化需求，深受市民欢迎。《蒋兴哥重会珍珠衫》中，"浑家""老婆"便多次出现。这些文词被士大夫认为是粗俗的，但对市民来说浅显易懂，少了所谓的儒雅，多了一份亲切感。

（二）追求文真朴实的文学价值观

明清时期，运河沿岸城市的交汇互通拓展了文学的题材，推进了通俗文学的发展和繁荣。冯梦龙的"三言"中，很多故事就直接取材于大运河文化，立体展现了运河沿岸的人情风貌，生动细腻地再现了运河文化的民俗性和包容性。

冯梦龙作为封建时代的觉醒文人，受市民意识的影响，在文人士大夫创造的雅文学与民众创造的俗文学之间进行中和调适，他通过整理、编著通俗文学，将"雅""俗"两种文艺进行了融通和合流，极大地拓展了古代文学的宽度。他认为，只有自然地抒发真情感的文学，才算真文学，才能表达人的性情。在他看来，文学只有表达人的性情，才是最具生命力的，才是推动文学发展变化的力量。《挂枝儿》《山歌》收集的大多是民间故事与山歌。他之所以冒着被正统批判的危险，将之编印成册，使之广泛流传，就在于他认为这些作品均为"民间性情之响""若夫借男女之真情，发名教之伪药，其功于《挂枝儿》等"①。

冯梦龙认为通俗文学同样具有积极的教化作用。他在《古今小说》序中指出："日诵《孝经》《论语》，其感人未必如是之捷且深"，通俗小说可以使"怯者勇、淫者贞、薄者敦、顽钝者汗下"②。

---

① 魏同贤主编《冯梦龙全集·山歌》，南京：凤凰出版社，2007年，叙。
② 魏同贤主编《冯梦龙全集·古今小说》，南京：凤凰出版社，2007年，绿天馆主人叙。

他嘲弄"经书子史,鬼话也","诗赋文章,淡话也"①,这种大胆的观点,表明日益强大的市民阶层的文艺价值观正在积极挑战正统的文艺教育观。在冯梦龙的作品中,我们看到了学术不再是束之高阁的清谈,而是要关心"民情民命时务"。这些都真切反映了市民阶层中新生的自由、平等的价值倾向。

四、生活方式多元化,休闲娱乐成为新时尚

从冯梦龙作品中,我们可以看到市民最本真的生活方式和生活的原生样态。运河经济的发展、商业的繁荣,促进了文化权力的下移,市井百姓也享受起了辛勤劳作之外的休闲娱乐活动,并形成了一种风情、一种气候。市民可以去茶馆、酒楼,还可听书、听小曲、看小说。大量出现的茶社,正是为了适应广大市民阶层日益频繁的社交需要,并成为富商巨贾们休闲娱乐、洽谈生意的好去处。娱乐场所消费水平高,成为因运河便利的交通而涌集而来的客商或者有钱人的消费去处。

不断丰富的市民夜生活,推动了民歌手、琴师、评书家、戏曲演员等队伍的不断扩大。《警世通言》第三十二卷《杜十娘怒沉百宝箱》中的女主人公杜十娘就是凭借弹得一手好琵琶,成为才艺双绝的名姬。而孙富也正是被杜十娘的琵琶声吸引,才有了杜十娘怒沉百宝箱后投江而死的悲剧。

为适应市民不断丰富的娱乐生活的需要,很多运河沿岸的城市都修有娱乐场所,如苏州虎丘、南京秦淮等地遍布茶舍、酒馆、妓院这些娱乐场所。"夜必饮酒",晚上聚饮之风的形成,也正是运河城市市民文化兴起的一种表现。

"三言"中的很多故事常以传统节日为节点,展示运河沿岸城市丰富多彩的节庆风俗,体现市民精致的生活和风雅民俗。在春节、元宵、清明、端午、七夕等节日里,运河边上的城市都热闹非凡。"三言"中对游玩观光等活动也有不少的记载,如记录市民到钱塘江观潮及由此形成的节日庆典和一系列风俗习惯。《乐小舍拼生觅偶》

---

① 魏同贤主编《冯梦龙全集·广笑府》,南京:凤凰出版社,2007年,序。

的开篇写道:"从来说道天下有四绝,却是:雷州换鼓,广德埋藏,登州海市,钱塘江潮。"① 文中,冯梦龙集中写了人们八月钱塘江观潮的情景。

五、重人品,轻门第,追求平等、自由的爱情观

冯梦龙的"三言"和《情史》肯定人性中的爱欲,冲破了封建观念束缚的婚恋观。其中既有对真挚爱情的歌颂,又在一定程度上有着对私情物欲的欣赏。《情史》《三言"等作品关注人的自然存在,体现人的个体意识的觉醒,开始探索自我价值,并积极在现实世界中寻找展示人性存在的方式。如《泥人》写男女坚贞相爱,朴实自然,有情有理,表达了个性解放的时代要求,让我们看到了争取自由、幸福的人性光辉和时代价值。

冯梦龙"三言"中的爱情作品占总数的三分之一,作者不仅热情地歌颂了青年男女忠贞不渝的爱情,更褒扬了青年男女和被歧视的下层妇女为争取婚姻自由所表现出来的那种强烈的反封建精神,同时也批判了封建婚姻的父母之命、媒妁之言、门当户对、从一而终等观念,提倡情爱的自由、平等、互相尊重等新观念。《醒世恒言》第八卷《乔太守乱点鸳鸯谱》中,刘璞与孙珠姨、裴政与刘慧娘、孙玉郎与徐文哥三对青年,各自由父母做主,通过媒人订了婚约。到了结婚的年龄,刘璞得了重病,刘母相信冲喜一说,要给儿子完婚。孙家知道未来女婿病重,怕耽误了女儿,便让儿子玉郎代姐出嫁。刘家因儿子病重不能拜堂同房,便叫女儿慧娘去陪伴新媳妇。结果将刘璞、珠姨的婚事办成了玉郎、慧娘的喜事。最后由乔太守做主,将孙玉郎原聘的未婚妻嫁给慧娘原来的未婚夫裴政。"人虽兑换,十六两原只一斤",最后结婚的不是原订婚的对象,订婚不由自己做主,改配亦可由他人代办。这篇小说对当时的封建婚姻制度、婚姻习俗进行了辛辣的讽刺与揭露。

"三言"中的婚恋观念与之前相比有了很大的变化。如《醒世恒言》第二十卷《张廷秀逃生救父》中,王员外将次女许配给木匠

---

① 魏同贤主编《冯梦龙全集·警世通言》,南京:凤凰出版社,2007年,第321页。

之子张廷秀为妻，长女与女婿以门户不当为由反对这门亲事，王员外自有主见："会嫁嫁对头，不会嫁嫁门楼。"所谓"对头"，就是男女般配；所谓"门楼"，就是门当户对。高赞、王员外这两位封建家长虽然没有放弃支配儿女婚姻的大权，却不再看重门第的高下，更注重考察个人品行的好坏。而《醒世恒言》第三卷《卖油郎独占花魁》中，花魁娘子莘瑶琴不仅摒弃了对门第、金钱的要求，也摒弃了对才学的要求，将忠厚老实的人品视为最高标准，嫁了穷商贩卖油郎秦重。

总之，冯梦龙的作品为我们研究晚明运河文化、市民文化，开发运河文化的现代价值提供了借鉴和启示。

参考文献

［1］魏同贤主编《冯梦龙全集》，南京：凤凰出版社，2007年。

［2］徐紫云、常铖《"三言"中人性的体现及思考》，《作家》，2011年第18期。

［3］冯梦龙《情史》，长沙：岳麓书社，1986年。

［4］杨坤《从"三言"看冯梦龙作品中的"雅""俗"调适》，首都师范大学硕士学位论文，2006年。

［5］周均美《从"三言""二拍"看明代社会风尚及市民观念的变化》，《明史研究第7辑——谢国桢先生百年诞辰纪念专辑》，2001年。

［6］李想《略论"三言二拍"所蕴涵的运河文化》，《淮阴工学院学报》，2012年第6期。

［7］吴倩《冯梦龙〈情史〉中的"情真情教"》，《文学界》（理论版），2010年第2期。

（作者为福建省作协会员，寿宁县冯梦龙研究会会长）

冯学研究

冯梦龙在日本近代文学史上的影响

李杰玲

摘　要：冯梦龙在日本近代文学史上的影响足以引起文学史家的注意，特别是他的通俗文学，在日本的传播速度、范围和影响与在国内相比并不逊色。在日本，不管是前近代还是近代的时代背景和文学思潮，都为冯梦龙通俗文学的传播和扩大影响提供了肥沃的土壤。

关键词：冯梦龙　日本近代文学　影响

冯梦龙（1574—1646）是苏州府长洲县（今江苏苏州）人，是著名的作家、阳明学者。他的作品丰富，经、史、子、集皆有传世。与冯梦龙同时代的文人文彦可称冯梦龙"早岁才华众所惊，名场若个不称兄？一时名士推盟主，千古风流引后生"[1]，当代学者则称他是"典型的江南才子"[2]。然而，冯梦龙不仅是明代苏州的作家，也是世界上颇具影响的作家，正如日本学者大木康所言，冯梦龙是当时"通俗文学的旗手"，他的"三言"等作品影响了日本近代文学史上众多作家的创作。冯梦龙的《智囊》在近代日本也被刊刻发行，《笑府》中的故事，也被日本的落语吸收[3]。大木康说："中国文化对日本文化的影响很大。在文学方面，有几位文学家的影响特别明

---

[1] 阎现章主编《中国古代编辑家评传》（下），开封：河南大学出版社，2007年，第218页。
[2] 陈永正《"三言""二拍"的世界》，天津：天津人民出版社，2020年，第1页。
[3] 拙文《日本所藏冯梦龙作品与日本学术界对冯梦龙的研究》，见王尧、顾建宏主编《冯梦龙研究》第7辑，苏州：苏州大学出版社，2021年，第89–106页。

显。"① 大木康列举了对日本文学影响特别明显的几位作家，有唐代的白居易、李白、杜甫，宋代的苏轼，此外就是明代的冯梦龙。岩波书店版《世界人名大辞典》《世界大百科事典》《日本大百科全书》《世界文学大事典》中均收录了"冯梦龙"的辞条。因此，冯梦龙是属于世界文学的作家。本文探讨冯梦龙对日本近代文学史上的著名作家在创作上的具体影响，以展现冯梦龙在日本文学史上不可忽视的地位。

关于日本文学史的划分，不同的学者有不同的看法，本文采用日本著名学者小西甚一（1915—2007）在《日本文学史》中的观点，把日本近代文学史在时间上大致划定为从明治到昭和时期，也就是从公元 1867 年到昭和时代的 1943 年。② 当然，本文的论述并不局限于上述时间段，要知道，文学是古今相承相续的。正如我们不能把冯梦龙囿于明代来论述一样，日本的近代文学史研究，正如小西甚一所指出的那样，"与其说是近代本身的研究，毋宁说当做再确认古代与中世意识的手段"③，也就是说，近代的文学与古代、与中世的文学有着割不断的姻亲关系。通过对近代文学的研究，可以梳理出古代和中世的文学是如何发展和延续到近代、当代的。

小西甚一毕生致力于日本文学史、文艺理论、东西方比较文学及日本文学与汉文学关系的研究。他以"雅"和"俗"作为日本文学史的基本表现理念和意识，主张日本古代是日本式的"俗"，日本中世是中华式的"雅"，而日本近代则是西洋式的"俗"，中间还有雅俗共赏的过渡时期。小西甚一提出"俗"是日本近代文学的主要审美特征，正是在这样的时代背景下，冯梦龙的通俗文学在日本的近代文学史上立足并且生根发芽，一直影响到当代的日本文学。

---

① 〔日〕大木康《冯梦龙研究在日本》，见吴妍主编《冯梦龙研究》第 4 辑，苏州：苏州大学出版社，2019 年，第 11 页。

② 在此要注意划分日本文学史上"近世"与"近代"的区别，即把江户时代的文学，也就是从江户幕府将军德川家康在庆长八年（1603）建立幕府开始算起，一直到 1867 年大政奉还的文学称为"近世文学"，而把明治时代、大正时代和昭和时代，即从 1868 年到 1994 年的文学称为"近代文学"。

③ 〔日〕小西甚一著，郑清茂译《日本文学史》，台北：联经出版事业股份有限公司，2015 年，第 195 页。

需要说明的是,就像我们不能把冯梦龙囿于苏州或者中国来论述一样,日本文学史也不能囿于日本来讲,在日本近代文学史上,"世界"是举足轻重的因素,而"虽说是'世界',对明治以前的日本而言,东洋——特别是中华——就是'世界'的全部"①。明治以后,中国之外的其他国家,尤其是西方国家的文学对日本文学的影响开始加强,但是我们仍然能够清楚地看到中国文学在日本文学中的痕迹。

本文的探讨,从近世文学,也就是江户时代的文学说起。江户时代的文学常被视为前近代文学或者近代前期的文学。

一、冯梦龙对日本前近代文学的影响

在关原之战中赢得胜利的德川家康于庆长八年(1603)在江户(今东京)开辟幕府。经过十五代幕府将军的经营,到庆应三年(1867)大政奉还,日本的政权再次回到天皇手中。这265年的文学,被称为"近世文学"或者"前近代文学"。近世文学是在江户幕府的锁国政策中开展的。日本实行锁国政策,封锁了除长崎之外的其他港口海岸,禁止日本人出国,也禁止外国人登岸,当时的日本仅与中国、荷兰、朝鲜保持民间商业联系。经过江户时代之前的战乱,在两百多年漫长的锁国时期,日本的文学创作呈现出一派讴歌祥和太平的氛围,市民阶层的兴起和阅读消费的增长,促进了通俗文学的发展。

江户幕府以朱熹的儒家思想作为治国的纲领,鼓励文教,平民百姓的文化水平有了很大的提高,加上雕版印刷技术的发展,大量的出版物以较为低廉的价格出现在市场上,对文学读物的拥有、阅读和消费,不再是贵族的特权。可以说,原本只为贵族特权阶层拥有的出版物,到了江户时代,也成了老百姓日常生活的一部分,这时候,文学才"第一次成了庶民的文学"②。因此,江户时代的文学最大的特征就是町人文学或曰庶民文学。冯梦龙的通俗文学在江户

---

① 〔日〕小西甚一著,郑清茂译《日本文学史》,台北:联经出版事业股份有限公司,2015年,第4页。

② 〔日〕秋山虔、三好行雄编著《新日本文学史》,京都:文英堂,2019年,第104页。

时代传播到日本后，自然大受欢迎。

冯梦龙的通俗文学虽然有娱乐大众的目的在，但更多的是寄寓冯梦龙警醒世人、教育时人、敦风化俗的良苦用心。梁启超在民国时期提出文学改良运动，提出以小说来传播思想，教育大众，开启民智，其实早在明代，冯梦龙就已经具有并且在实践这一理念了，虽然冯、梁通过小说传播的具体思想不同。冯梦龙更重于对儒家伦理道德、佛教和道教思想的传播，教人轻财重义、行善积德。《古今小说》绿天馆主人序云："茂苑野史家藏古今通俗小说甚富，因贾人之请，抽其可以嘉惠里耳者，凡四十种，畀为一刻。"① "绿天馆主人"就是冯梦龙，这是他自己为刊刻《喻世明言》而写的文字，表明冯梦龙搜集整理和刊刻这些小说，一是为了适应当时市场上市民阅读消费的需求，二是为了教化大众，劝善惩恶。而第二个目的是冯梦龙刊刻"三言"的主要目的，他在《警世通言》中重申了这个目的，说："非警世劝俗之说，不敢滥入。"② 冯梦龙选择"戏曲中情节可观"者，大量改编戏剧，"年来积数十种，将次第行之，以授知音"③，也有劝善惩恶、教化大众的目的。

江户时代的小说，也和冯梦龙的通俗文学一样，既是为了满足市民的阅读需求，供应市场的阅读消费，也是为了劝善惩恶、教化大众。其中较有代表性的作品是以劝善惩恶为宗旨的读本（よみほん）小说，当然，江户时代其他类型的小说，包括戏剧也是如此，比如假名草子（かなぞうし）这类用假名文字写成的小说，就以启蒙、教化和娱乐为创作的目的。这类小说的代表作家浅井了意（あさいりょうい）（1612—1691）写了不少的佛教著作，还有三十多部假名草子，另外，他模仿和取材元末明初的瞿佑的志怪小说《剪灯新话》，收录六十八则志怪故事而成《御伽婢子》，对此后日本的怪异小说、怪谈文学有着极大的影响。

---

① 〔明〕冯梦龙著，魏同贤主编《冯梦龙全集·古今小说》，上海：上海古籍出版社，2007年，序。
② 〔明〕冯梦龙著，魏同贤主编《冯梦龙全集·警世通言》，上海：上海古籍出版社，2007年，金陵兼善堂序。
③ 〔明〕冯梦龙著，魏同贤主编《冯梦龙全集·墨憨斋定本传奇》，上海：上海古籍出版社，2007年，冯氏自序第11-12页。

值得注意的是，冯梦龙在写"三言"的时候，除了少量原创的作品外，也模仿和取材宋、元、明三代的作品。"三言"中有7篇和《京本通俗小说》基本相同，而《京本通俗小说》中就出现了瞿佑的词。冯梦龙的"三言"参考《京本通俗小说》、历史传记、笔记杂录与民间故事，注重故事情节的曲折引人，融合了志怪与志人的元素，"铺张敷演而成"。① 冯梦龙的这种模仿和取材已有故事的创作习惯，以及他在原有故事的基础上加上虚构的情节和佛道的宗教因素这一创作特点，对江户时代的小说产生了极大的影响，这一点，从浅井了意之后的读本小说作家都贺庭锺（つがていしょう）（1718—1794）、上田秋成（うえだあきなり）（1734—1809）和曲亭马琴（きょくていばきん）（1767—1848）的创作中即可看出。

所谓读本小说，是指与以图为主的绘本和与以对话为主的净琉璃相对而言的文字为主的小说，18世纪中叶大量出现在京都和大阪，后来读本小说的重心地区逐渐转移到江户。以京都和大阪为创作重心地区的读本小说发展时期，被日本文学史称为读本小说的前期，而以江户为创作中心地区的读本发展时期，被称为读本小说的后期。读本小说前期的代表作家是都贺庭锺和上田秋成等作家，而读本后期的代表作家则是曲亭马琴等人。这些作家的小说与冯梦龙的通俗文学的密切联系，中日学术界已经有了不少的论述，尤其在日本学术界，出现了不少专著和论文，除了上述大木康的相关著作之外，还有如德田武的《近世近代小说与中国白话文学》②，该书的第一部分即论述近世读本小说与中国小说的关系。这些著作从多个角度论证江户时代的小说深受冯梦龙的通俗文学的影响，可以说，冯梦龙的通俗文学对江户时代小说，尤其是读本小说的深远影响，已是学术界的共识。国内学术界也有几篇论文（包括硕士学位论文）论及，如任莹的《江户时期的读本小说与〈三言〉》指出，冯梦龙的"三

---

① 范宁《冯梦龙和他编撰的"三言"》，文学遗产编辑部辑《文学遗产增刊》二辑，北京：作家出版社，1956年，第163页。
② 〔日〕德田武《近世近代小说与中国白话文学》，东京：汲古书院，2004年。

言""在很大程度上提振了当时日趋低迷的日本文坛"[①]。另外还有陈婧的硕士学位论文《江户初期读本对〈三言〉的借鉴和日本元素的体现——以〈英草纸〉和〈繁野话〉为中心》[②]。陈婧还在《熊本大学社会文化研究》上发表了日语的论文《以〈三言〉为模本的都贺庭锺的作品的传承与发展——以〈英草纸〉和〈繁野话〉为中心》，指出"日本的读本小说这一（在江户时代出现的）新的文学样式受到了来自中国白话小说的重要影响"，"《英草纸》和《繁野话》尤其受到来自《三言》的深层的影响"，这一点已被先行研究所证实[③]。明清小说对日本近世文学影响的相关研究成果，有王晓平的《近代中日文学交流史稿》[④]，他在该书第三章、第四章、第五章、第十章、第十五章、第十七章论述了冯梦龙等明清小说家的作品和都贺庭锺、上田秋成、曲亭马琴的作品之间影响与被影响的关系，还涉及日本近代文学史上著名的小说家芥川龙之介的创作与中国传统文学的密切联系。除了指出冯梦龙等人的作品对日本文学的影响之外，还指出冯梦龙等人为小说而做的序跋和点评也"起到过一定的理论指导作用"[⑤]。严绍璗、王晓平的《中国文学在日本》则详细地分析了冯梦龙小说与江户时代小说的关系，指出"（都贺庭锺的）《英草纸》共收9篇作品，其中8篇皆与'三言'有关"[⑥]，该书还将这8篇作品对"三言"的吸收方式分为三类：第一类是保留"三言"中的主题框架，只是把故事翻译为日语，并把其中的人名改为日本文学史或历史上的人物的名字；第二类是把"三言"的故事放在日本历史的框架下加以改编；第三类是都贺庭锺改变"三言"原有的故事和人物，只是采用冯梦龙的创作手法和作品的构思谋

---

① 任莹《江户时期的读本小说与〈三言〉》，《天津外国语大学学报》，2017年第1期，第50页。
② 陈婧《江户初期读本对〈三言〉的借鉴和日本元素的体现——以〈英草纸〉和〈繁野话〉为中心》，福建师范大学2009年硕士论文。
③ 陈婧《以〈三言〉为模本的都贺庭锺的作品的传承与发展——以〈英草纸〉和〈繁野话〉为中心》，《熊本大学社会文化研究》，2014年第12期，第153页。
④ 王晓平《近代中日文学交流史稿》，长沙：湖南文艺出版社，1987年。
⑤ 同上书，第55页。
⑥ 严绍璗、王晓平《中国文学在日本》，广州：花城出版社，1990年，第143页。

篇①。因此，本文对这一部分将从简论述，而把重点放在国内外学术界论述较少或者还没有论述的方面，尤其是冯梦龙对日本近代后期文学的具体影响上面。

除了中日众多学者论述较多的都贺庭锺、上田秋成和曲亭马琴之外，本文在此谈谈同是读本前期的著名小说家建部绫足（たけべあやたり）（1719—1774）。建部绫足不仅善于写怪谈小说，也擅长和歌、俳谐，并以"寒叶斋"为号作汉画，被称为多才多艺之人。小说方面，建部绫足写了和文体的《西山物语》和《本朝水浒传》，其《西山物语》刊于明和五年（1768），取材于京都郊外真实发生的奇闻异事，追求"以古为今""即俗为雅"②。这对上田秋成将奇闻异事小说化的创作方法有一定的影响，而这种创作方法可以追溯到冯梦龙在创作时既有虚构也有真实，在史实的基础上加以小说虚构的手法，这一手法造成亦真亦假、时真时假、虚虚实实的阅读效果，比如《醒世恒言》中的《隋炀帝逸游召谴》，既有史实，也有虚构的小说笔法，以寓兴亡之谏，刺淫逸之主。

《西山物语》被视为读本小说的鼻祖之一。国内学术界多关注直接模仿和改编冯梦龙"三言"的都贺庭锺的《英草纸》和《繁野话》，还有上田秋成的《雨月物语》等读本小说，却忽略了如《西山物语》这样的作品，因此也没有注意到，在故事情节和人物、语言等直接的仿效之外，江户时代的小说家也吸收了冯梦龙在写通俗文学时所使用的创作方法，这种深层的影响只有通过作品的细读和整体的分析才能看到，而这种深层的联系，窃以为，也是冯梦龙对日本文学产生多方面影响的有力证明。

现仅以《西山物语》中的"黄金之卷（こがねの卷）"为例略作分析。《黄金之卷》是以山城国爱宕郡一乘寺村（今京都左京区一乘寺町）发生的一起民间纠纷为素材写成的小说，说的是武士大森七郎兄妹三人在村子里过着清贫而安定的日子，七郎的妻子很早就去世了，年迈的母亲尚健在。七郎擅长剑术、弓术和马术等武士

---

① 严绍璗、王晓平《中国文学在日本》，广州：花城出版社，1990年，第143–150页。
② 〔日〕建部绫足著，高田卫校注与解释《西山物语》（《日本古典文学全集》第78辑），东京：小学馆，1973年，金龙敬雄老杜多序，第199页。

的十八般武艺。同村还住着七郎的堂兄弟八郎，八郎的妻子也去世了，留下一个孩子。八郎也和七郎一样清贫，也精通剑术，以教人击剑为生。七郎的祖先有一把长刀，是楠木正成的宝刀，在摄津凑川之战中，楠木正成的血浸染过这把宝刀。这篇小说借用了日本历史上著名的忠义之士楠木正成（くすのきまさしげ）（1294—1336）的故事。楠木正成是河内的武士。1331年，应后醍醐天皇的号召，楠木正成在赤坂城起兵攻打镰仓幕府的军队，让幕府军队苦苦应战。后醍醐天皇被流放隐岐之后，楠木正成仍坚持与幕府军队长期斗争，促使各地的反幕府人士起而应之。楠木正成后成为河内、和泉守护，但在凑川之战中被足利尊氏打败，在战场上自刎。楠木正成非常喜欢这把宝刀，但拥有这把宝刀的人总会发生一些怪异的事，七郎的祖先就把刀奉纳到寺院里，从此家里平安无事，生活富贵。但是到了七郎这一代，家里陷入贫困，七郎作为武士，一直想着把刀取回来。于是他准备了五百两黄金，到寺院里赎回宝刀。寺院住持听了心里很高兴，但表面不动声色地说佛门清净，这宝剑是举世无双的宝贝，拿着这五百两黄金来，一则这些黄金根本体现不了这宝剑的价值，二则会让世人嘲笑这里的和尚贪财，佛祖说过金钱这些东西不如直接扔到河川里。七郎心里明白和尚说这些话是嫌弃钱少了，于是他说这五百两黄金并非小数目，既然佛祖说过钱财不如扔到河川之中，河川远，寺院前就有一个小池，不如就扔到那小池吧！七郎说完就把黄金扔到池子里，然后拿着宝刀回去了。寺院住持只顾盯着池水里的黄金，没有去追七郎。

七郎和八郎都是剑术高超的人，有不少人来向他们拜师学剑。八郎性格温和，大多数人都投到他门下，七郎是个没有嫉妒心的人，所以他和八郎始终君子之交淡如水，没有因此产生什么矛盾。

却说七郎的母亲病重，兄妹三人轮流照顾，为了买药买吃的，甚至把妹妹的嫁衣都拿去典当了。人们都说是那把宝刀作祟。再说八郎收徒较多，收入自然也多，他把七郎的母亲当作自己的母亲，常常送去朝鲜人参、珍珠粉等名贵的药材，还把自己的儿子宇须美送到七郎家帮忙照顾老人，令七郎一家感激不尽。

在照顾老人的过程中，宇须美和七郎的妹妹产生了爱意。这一切都被卧病在床的老人看在眼里,老人有心促成二人的姻缘。

这篇小说与冯梦龙的小说比较,在谋篇布局和写作方式上有六点相同的地方:

第一,史实和虚构相混合,小说呈现虚中带实、实中带虚的特点。《黄金之卷》基于京都西京区发生的事件来写,而且小说中的长刀还是楠木正成用过的宝刀,但是宝刀作祟、黄金掷池及七郎母亲病重、康复然后促成姻缘的情节,多有虚构和想象的成分。冯梦龙的诸多小说,如上文提到的《隋炀帝逸游召谴》等也是如此,在史实的基础上加以想象和虚构。

第二,浓厚的宗教色彩。冯梦龙的小说、戏剧等处处体现出佛道思想,讲究善有善报、恶有恶报。比如《醒世恒言》中的《大树坡义虎送亲》,说韦德与妻子单氏在回老家途中遇到一个心狠手辣的船夫张艄,张艄贪图韦德的钱财和单氏的美貌,把韦德骗上岸,引到深山中从背后砍杀韦德,然后回到船上骗单氏上岸入林,结果张艄被老虎吃掉。冯梦龙在小说中说:"张艄欺心使计,谋害他丈夫,假说有虎。后来被虎咬去,此乃神明遣来,剿除凶恶。夫妻二人,感激天地不尽。回到船中,那哑子做手势,问船主如何不来。韦德夫妻与他说明本末,哑子合着掌,忽然念出一声'南无阿弥陀佛',便能说话,将张艄从前过恶,一一说出。再问他时,依旧是个哑子。此亦至异之事也。韦德一路相帮哑子行船,直到家中。将船变卖了,造一个佛堂与哑子住下,日夜烧香,韦德夫妇终身信佛。"① 《喻世明言》第二十卷《陈从善梅岭失浑家》则体现了道教的思想,小说中说"大罗仙界有一真人,号曰紫阳真君"②,看到虔诚奉道的陈巡检之妻将有灾难,特吩咐大慧真人化作道童前往护送。冯梦龙的小说往往佛道融合,比如《陈从善梅岭失浑家》以道教思想为主,也涉及佛门寺院。而《西山物语》则集中体现了佛教的思想,而且和尚常出现在故事中。纵观建部绫足的一生,他与佛教的渊源实在很深,宽保元年(1741),建部绫足23岁时出家,24岁成为武藏国北

---

① 〔明〕冯梦龙《醒世恒言》,天津:天津古籍出版社,2009年,第47页。
② 〔明〕冯梦龙《喻世明言》,天津:天津古籍出版社,2009年,第163页。

埼玉郡小林禅院正眼寺的说教僧①。所谓"说教僧",是指用寓言和笑话等形式对大众进行口头教育感化的人。因此,在《西山物语》中时时可见教育和说理。

第三,小说都有说理和教育的深意在。建部绫足在《黄金之卷》中借用七郎母亲的口吻,告诫世人容色易改,青春难驻,就像春天的樱花、秋天的红叶,只得一时的繁华灿烂,而不改的应该是真心,是人的精神与思想,就像挺立雪中的松柏一样,因此她给七郎妹妹取名为"柏"。另外,不管经历怎样的风霜雨雪,年轻人都不要被压倒,就像松柏一样,傲立风雪,坚持修身养性,做品德高尚、不畏艰难险阻的人。冯梦龙的小说也有较强的说理意味,比如《喻世明言》第三卷《新桥市韩五卖春情》中借吴山之口说道:"人生在世,切莫为昧己勾当。真个明有人非,幽有鬼责,险些儿丢了一条性命。"②

第四,小说中常夹杂着优美的景物描写。如《西山物语》中写"时雨初降,庭中红叶渐次变色","近的小仓山,远的高尾、爱宕山,风吹云散,白雾缭绕,与浓淡得宜的红叶相映,松柏仿佛刚涂上绿色"③。而冯梦龙作品中也是如此,例如《醒世恒言》第三十八卷《李道人独步云门》写道:"不一时,到了云门山顶,众人举目四下一望,果然好景,但见:众峰朝拱,列嶂环围。响泠泠流泉幽咽,密茸茸乱草迷离。崖边怪树参天,岩上奇花映日。山径烟深,野色过桥。青霭近冈形势远,松声隔水白云连。浙浙但闻林坠露,萧萧只听叶吟风。"④

第五,女性是小说中必要的角色,对故事的发展常常起着重要的作用。例如《黄金之卷》中七郎的母亲和妹妹,又如冯梦龙《喻世明言》第一卷《蒋兴哥重会珍珠衫》等。

第六,冯梦龙和建部绫足都有深厚的诗歌功底,因此二者的小

---

① 〔日〕中村稔子《建部绫足年谱》,《连歌俳谐研究》1956年9月25日第12号,第75-81页。
② 〔明〕冯梦龙《喻世明言》,天津:天津古籍出版社,2009年,第43页。
③ 〔日〕建部绫足著,高田卫校注与解释《西山物语》(《日本古典文学全集》第78辑),东京:小学馆,1973年,金龙敬雄老杜多序,第209页。
④ 〔明〕冯梦龙《醒世恒言》,天津:天津古籍出版社,2009年,第428页。

说中常出现诗歌。《西山物语》中的汉诗为这部读本小说集的中国传统文化特征增色不少,如《黄金之卷》中七郎母亲引述的汉诗:"松柏雪中立,青绿不改色。"① 而冯梦龙的小说常以诗来揭示故事所传达的道理,如《警世通言》第三十七卷《万秀娘仇报山亭儿》里的诗句"劝君莫要作冤仇,狭路相逢难躲避"②,劝人不要作恶,而要行善积德。

上述六点相同点并非偶然,在日本文学史上,以小说故事来教育和说理的,很容易让人想起镰仓中期的教训说话集《十训抄》,该书有作于建长四年(1252)的序,点明该书是为了向世人揭示善恶贤愚之道。该书以儒家的道德观选录的540个故事中,有不少源自中国,其中也有与冯梦龙的创作取自同一类题材的,如望夫石的故事。冯梦龙在《情史》第十一卷《情化类》中谈到望夫石,《十训抄》第六条教训之下也引用了中国的望夫石故事。日本自古受到中国文学、文化的影响,从文学史的纵向角度来看,日本前近代文学与冯梦龙有相近的社会环境和时代思潮,因此,冯梦龙的小说传播到日本后大概十年就在社会上产生广泛影响,促进了日本前近代文学史上的通俗文学热潮的形成。

二、冯梦龙对日本近代中后期文学的影响

日本学术界通常把明治元年(1868)到现在的这段文学史,称为近代文学。近代文学的一个重要现象就是西方文学对日本文学的渗透和影响。经过前近代漫长的锁国政策封锁下的日本岛国,用极短的时间走向欧美各国,并与欧美为伍,这不仅在政治上、经济上,也在文学上产生了多种多样的影响。首先,"文学"(literature)这一概念从儒家思想中走出,指向语言艺术的总称,原来处于儒家思想正统之外的边缘化的小说如今成了文学的主流。一方面,随着自由民权运动的发展,政治小说开始流行。另一方面,由于学校教育

---

① 〔日〕建部绫足著,高田卫校注与解释《西山物语》(《日本古典文学全集》第78辑),东京:小学馆,1973年,金龙敬雄老杜多序,第210页。笔者按:这两句诗原文为日语,此处为笔者根据原文的意译。
② 〔明〕冯梦龙《警世通言》,天津:天津古籍出版社,2009年,第325页。

的发展，印刷技术的进步，读者数量有了飞跃式的增加。在这个过程中，出现了多种文学流派，比如社会小说、政治小说，又比如自然主义、浪漫主义等。这个时期值得注意的是言文一致运动。所谓"言文一致"，是指由二叶亭四迷（ふたばていしめい，1864—1909）等作家提出的文学改良运动。为了启蒙国民，叶亭四迷等人主张用一般人都能明白和使用的语言，尤其是口语化的表达来创作文学作品，让国民都能通过文学作品获得教育。这一运动使得口语文体成为日本近代小说的唯一文体。坪内逍遥（ぼうちしょうよう，1859—1935）撰写的文学理论著作《小说神髓》是在明治时期小说改良运动中诞生的，虽然该著作反对小说劝善惩恶，但从理论上明确提升了小说的地位，把小说视为艺术，并且把小说置于其他文体之上，认为小说要写出人情世态。另外，明治时期资本主义经济的发展和市民娱乐消费的需求相比于前近代而言要更进一步。这些文学运动和经济背景都使得冯梦龙的小说持续着其在日本文坛上的影响。在此仅就日本近代第一位女性职业作家樋口一叶（ひぐちいちよう，1872—1896）（以下简称"樋口"）和大正时代新思潮的代表作家芥川龙之介（あくたがわりゅうのすけ，1892—1927）（以下简称"芥川"）与冯梦龙作品的关系略作论述。

　　樋口的小说有着散文的优美和抒情，她善于写少男少女淡淡的爱恋故事，也善于以自己的生活体验为基础，写社会底层女性的生活和面对逆境坚强生存的精神，小说中常有细腻动人的心理描写。樋口的小说《晓月夜》和《浊江》受到冯梦龙小说的影响，关于这一点，笔者曾在一篇文章中提到①，在此需要补充的是樋口对中国白话小说的接受，这可以从她的成长经历和阅读生涯看出来。樋口成长的时期，正是上述前近代日本文学通俗小说流行的时期，所以她广泛地涉猎了中日的通俗作品，她祖父的藏书中就有《老子经》《本朝神社》《剪灯余话》等书籍②，而她本人也阅读大量了前近代文学中的读本小说等作品，冯梦龙的作品通过二次传播，影响了樋

---

① 拙文《日本所藏冯梦龙作品与日本学术界对冯梦龙的研究》，见王尧、顾建宏主编《冯梦龙研究》第7辑，苏州：苏州大学出版社，2021年，第104－105页。
② 〔日〕佐藤隆信《樋口一叶》，东京：新潮社，2004年，第6页。

口。此外，在人生经历和价值观上，樋口与冯梦龙也有一致之处，如向往美好的爱情却情路受挫，作品中常表达重情重义的思想，视金钱如尘芥，看利禄如浮云等。樋口曾在自己的日记中提到这样的人生观①，冯梦龙的"三言"等作品中，也常有轻财重德的思想倾向。樋口曾与《东京朝日新闻》的专栏作家半井桃水相恋相爱，最终选择离开，从此独自生活，独自思念，独自在红尘中、在文字里追忆。而在冯梦龙与侯慧卿的爱情故事中，也能找到同样的爱、伤痛和思念。

樋口自从父亲则义辞世后，与母亲、妹妹相依为命，生活贫苦，于是樋口尝试着写小说谋生，而写书、编书和印书不仅是冯梦龙的爱好，也是他的谋生手段②，二者的小说创作同样有迎合市场阅读需求的目的。

樋口经过前近代文学的二次传播而受到冯梦龙的影响，同样的，被誉为"代表一个时代"的芥川也是如此。

芥川出身于东京大学，他是新思潮派的代表作家。一直致力于冯梦龙研究的东京大学教授大木康曾说，他和他的老师尾上兼英，还有老师的老师的老师盐谷温，都研究冯梦龙，"因此可以说，我们东京大学一直有着研究冯梦龙的传统"③。芥川在东京大学，以小说创作的方式和东京大学研究冯梦龙的传统遥相呼应。

在日本的近代文学史上，新思潮派因东京帝国大学（今东京大学）学生编印的同人杂志《新思潮》而得名，代表者除了芥川之外，还有菊池宽、久米正雄、山本有三和丰岛与志雄。新思潮派主张理性而细致地描写社会黑暗的一面，写出人情世态。冯梦龙的通俗文学也与新思潮派的理论主张吻合，冯梦龙的作品常常写出当时社会的不良现象，写出人间百态，给人以警戒，给人以启示。

说起芥川，人们很容易想起他写过《杜子春》，这是他根据唐传奇《杜子春》创作的，事实上，冯梦龙也写过的《杜子春》。国内

---

① 〔日〕佐藤隆信《樋口一叶》，东京：新潮社，2004年，第11页。
② 马步升、巨红《冯梦龙》，南京：江苏人民出版社，2014年，第60页。
③ 〔日〕大木康《冯梦龙研究在日本》，见吴妍主编《冯梦龙研究》第4辑，苏州：苏州大学出版社，2019年，第13页。

有相关的研究成果,除了本文第一部分提到的成果之外,王虹在《中日比较文学研究》①里探讨了唐传奇与芥川的《杜子春》之间的关系。还有张泓的论文《论中日小说对杜子春的不同演绎》,该文指出冯梦龙和芥川虽然都改编了唐传奇《杜子春》,但是由于二者不同的人生经历和理念,创作出了不同的作品,冯梦龙把故事改编为"得道成仙的故事",芥川则改编成"表现母爱的故事"②。日本文学界把芥川的《杜子春》视为童话③,可能也与其母爱主题有关。

  笔者认为,从唐传奇《杜子春》到冯梦龙再到芥川,《杜子春》不仅在主题上,而且在创作方法和艺术成熟程度上都有较大的变化。冯梦龙的《杜子春》比唐传奇更成熟,从创作方法上看,具有承前启后的作用。首先,在唐传奇中,杜子春的形象比较单薄,而冯梦龙笔下的杜子春要丰满生动许多,尤其是其心理活动丰富而细腻,冯梦龙细致入微地写出了杜子春三入长安的心路历程。唐传奇只是简单地说杜子春第一次在长安得到老人赠予的钱财时,"既富,荡心复炽"④。冯梦龙却花了大量的笔墨来写杜子春初遇老者,被许诺赠予钱财后,"回到家中去睡,却又想到(中略)想了一会,笑道(中略)子春被这三万银子在肚里打搅,整整一夜不曾得睡"⑤。其次,唐传奇一开始没有写杜子春妻子之事,杜子春在地狱接受审问时才突然说道"因执其妻来","奉事十余年矣"⑥,颇有突兀之感。冯氏《杜子春》则前有铺垫,中有叙述,后有呼应,可见其在小说创作上的突破。第三,唐传奇讲故事,把十几年的事情写得仿佛一日间事,而冯氏则恰恰相反,把本来是短短一夜之事写成仿佛十几年间的事,把叙述节奏放慢、拉长,更突出杜子春及其妻子从疑惧

---

① 王虹《中日比较文学研究》(中日双语版),厦门:厦门大学出版社,2008 年,第 163–170 页。

② 张泓《论中日小说对杜子春的不同演绎》,《延安大学学报》(社会科学版)2012 年第 1 期,第 116 页。

③ 〔日〕中村真一郎《解说》,见冈本厚发行《蜘蛛丝 杜子春 矿车 其他十七篇》,东京:岩波书店,2014 年,第 219 页。

④ 〔唐〕王度等撰,〔清〕汪辟疆编《唐人传奇小说》,台北:世界书局,2014 年,第 343 页。

⑤ 〔明〕冯梦龙《醒世恒言》,天津:天津古籍出版社,2009 年,第 416 页。

⑥ 同④书,第 354 页。

到半信半疑，最后完全相信的心理变化，同时写出了世态炎凉，也强调了富贵如浮云，不如修仙得道的观点。

芥川的《杜子春》略去了随老者铁冠子上山修仙前散财济贫的情节，并且把修仙的地点改为峨眉山。芥川在小说中传达了这样的道理：对于凡人来说，相对于成为富翁和修仙得道而言，父母与孩子之间的爱更重要，更应该珍惜。铁冠子对杜子春说，如果杜子春在炼狱里看到自己的父母受苦而不吭声的话，他就会立刻要了他的命。看到杜子春为父母之爱放弃了成仙，也淡泊了对金钱的欲望，铁冠子颇为欣慰。最后，杜子春在泰山南麓过上了平静的普通人的生活。芥川的《杜子春》在人物形象、心理描写、情节构思方面都与冯梦龙有相同之处，其艺术创作手法也与冯氏一样，娴熟自如。

从《杜子春》和其他作品来看，芥川与冯氏在艺术创作上的相同点还有以下几处：小说中写了人情世态，对社会上的不良现象给予讽刺；常引用历史故事作为小说创作的素材；小说中蕴含道德说理，也有宗教的思想在其中。由于篇幅有限，此处不再一一举例分析。芥川曾来冯氏的故乡苏州，还有上海、杭州等地旅行，在来中国之前，他阅读了不少中国文学作品，如《水浒传》《西游记》等①，他的小说也深受中国文学的影响，除《杜子春》之外，有不少作品直接取材于中国文学和历史。

三、余论

笔者认为，冯梦龙的通俗文学在日本的传播速度、传播范围和影响，与在国内相比，并不逊色。由于中国传统的文学观念以诗为主，加上科举以诗赋、策问取士，因此小说在古代被视为市井之物，难登大雅之堂，虽然明清时代小说地位有所提高，但仍然不及诗赋。这一观念对冯氏的通俗文学在全国范围内的传播有一定的阻碍。因此，当冯氏的小说传播到日本并产生诸多仿效之作时，在隋朝就已经纳入中原王朝版图的海南，一直到清末，也未见到受冯氏影响而产生的通俗小说。国内和日本所藏明清时代的海南方志多不见文苑

---

① 〔日〕佐藤隆信《芥川龙之介》，东京：新潮社，2004年，第22、46页。

传，即使有，也仅列科举及第拜官者之诗。方志中即使有艺文类集部，也以诗为宗、为主。海南的志怪类笔记小说，就笔者管见，仅在明代王佐的《鸡肋集》中看到引述《二程遗书》中采石人深陷石中以石膏为生的故事，还有临高一带怪石吞人的故事。最后，王佐还从儒家的立场为自己辩解："孔子不语怪力乱神，此虽正人君子所不言，然而山海志亦儒者博物所不遗者，姑记之。"①

在海南的明清文学中，唯有丘濬的戏剧可以一窥明代市民阶层的兴起和通俗文学的发展，其《五伦全备忠孝记》（以下简称"《五伦》"）和《举鼎记》② 等戏剧作品与冯氏的戏剧颇有相似之处。《五伦》从"兄弟同登""衣锦荣归""兄弟赴任""问民疾苦"到"率夷归降"和"会合团圆"，在人物设置（兄弟俩）、情节安排上，还有最后的大团圆结局都与《双雄记》同。《举鼎记》也是如此，从"仙维""梦助""约寇""求将"到"回城"，其框架结构和叙事模式与《双雄记》大同小异。可见在明代通俗文学发展的大潮下，作家的创作受到时代的影响，会呈现出一些相同的特征。至此，不得不说，冯氏文学在日本的影响比偏僻的海南更加广泛和深远。

总之，冯梦龙在日本近代文学史上的影响足以引起文学史家的注意。不管是前近代还是近代的时代背景和文学思潮，都为冯梦龙通俗文学的传播和扩大影响提供了肥沃的土壤。经过前近代文学史上的冯梦龙热之后，在前近代通俗文学的浸染下成长起来的如樋口和芥川等近代文学作家，自然而然地受到了冯梦龙的影响。如今，当我们在世界各国广泛使用的日语综合教材《大家的日本语》（みんなの日本語）中级上册第七课中看到《馒头，可怕！》（まんじゅう、怖い）这篇课文时，马上想到冯梦龙《笑府》卷十二中的"怕馒头"，不禁感叹冯梦龙通俗文学的生命力，这虽然只是一则笑话，却至今仍在传播。《大家的日本语》有英语、德语、法语、越南语、韩语、汉语等语言的翻译和解释，《笑府》的"怕馒头"想必会随着这套教材走向世界。此外，冯梦龙的作品还会以怎样的方式继续

---

① 〔明〕王佐著，刘剑三点校《鸡肋集》，海口：海南出版社，2004年，第208页。
② 〔明〕丘濬著，周伟民等点校《丘濬集》，海口：海南出版社，2006年，第9-10册。

着他的影响呢？这是一个尚待研究的课题。

〔作者为海南师范大学国际教育学院副教授，文学博士、博士后，硕士生导师。本论文是海南省哲学社会科学规划课题"日本所藏海南相关文献与海南文化的传播"（课题编号：HNSK〔YB〕22－104）的阶段成果〕

文本今读

冯梦龙治寿"三无"理念及其实践

郑万江

摘　要：冯梦龙在担任寿宁知县期间，根据寿宁的县情特点提出了地方治理的"三无"理念。本文结合冯梦龙著述和其宦寿经历，解读"三无"理念的社会背景、含义和实施效果，以期为当今社会治理提供借鉴与启示。

关键词：冯梦龙　县治　寿宁　借鉴与启示

冯梦龙在明崇祯七至十一年（1634—1638）担任寿宁知县期间，根据寿宁"岭峻溪深，民贫俗俭"的县情特点，在《寿宁待志·官司》中提出了治理寿宁的"三无"理念："险其走集，可使无寇；宽其赋役，可使无饥；省其谳牍，可使无讼。"意思是，加强防御交通要冲，可以使寇盗进不来；宽缓官府征派的赋役，可以使老百姓不受饥饿；简省诉讼文书（用非诉讼方式解决纠纷），可以使老百姓不打官司。

这一治县理念包含三个范畴与三个层次。"险其走集，可使无寇"着眼社会安全，相当于如今的"平安建设"范畴，属于县域治理的低层次；"宽其赋役，可使无饥"着眼百姓温饱，相当于如今的"脱贫攻坚"范畴，是县域治理的中层次；"省其谳牍，可使无讼"着眼社会和谐，相当于如今的"法治建设"范畴，是县域治理的高层次。这三个范畴、三个层次由低到高，循序渐进，环环相扣，密切联系，既包含了举措、路径，也包含了可行性、目标，涵盖了县域治理的主要方面，相当系统完整。具体来说，"险""宽""省"是治理举措，"走集""赋役""谳牍"是治理路径，"可使"是治理可行性，"无寇""无饥""无讼"是治理目标。只有"三无"目标实现了，才可以真正让老百姓安居乐业，进一步实现"郡县治，天下安"。所以，"三无"理念十分重要，统领、指导了冯梦龙四年治寿的实践。

那么，冯梦龙"三无"理念是基于什么情况提出的，具体含义是什么，如何实施，效果又如何呢？以下试加以分述。

一、险其走集使无寇

寿宁县位于闽浙交界处，素称"两省之瓯脱，五界之门户"，事实上明朝时寿宁与两省六县即福建省福安、宁德、政和三县与浙江省泰顺、景宁、庆元三县相邻。冯梦龙在《戴清亭》诗中说"地僻人难到，山多云易生"，描写的正是寿宁的地理特征。

寿宁建县缘于匪寇作乱。明嘉靖《建宁府志》卷一记载，明朝建立之后，因"境有大宝坑银场，每为温、处流民盗采，并肆摽掠。景泰初，洞蛮郑怀茂拥众啸聚于官台山作乱。朝命都御史刘广衡发兵剿之"。明景泰六年（1455），朝廷为长治久安计，割政和与福安两县之地置寿宁县。建县之后，寿宁依然时有寇患。明嘉靖年间，倭寇三次犯寿，烧杀掠夺，为祸惨烈。可见寿宁历史上寇患频仍。

明崇祯七年（1634），冯梦龙任寿宁知县时，距嘉靖四十二年（1563）倭寇最后一次犯寿已有近70年，被倭寇毁坏的县城依旧没有修复。《寿宁待志·城隘》载："城围万山之中，形如釜底，中隔大溪。向虽树栅，终不能阻，所恃者隘耳。然仓库、狱囚以城为栏，自遭倭残毁，知县戴镗请加增筑，不果。从此日就崩塌，四门荡然，出入不禁。"冯梦龙认为，县城安全主要依靠关隘，全县交通要冲首推三关十六隘，但是"隘废而出入无讥，兵裁而训练无质"（《寿宁待志·官司》），形同虚设，正是重大安全隐患！如何解决呢？对此，冯梦龙已经有了一定的思想和实践准备。

冯梦龙对军事问题是有研究和思考的。他看过历史上的很多兵书，对兵书中所载成败得失了如指掌，并且在赴闽途中修订完成的《智囊补》中，精选了130多则用兵不败的故事。他在《智囊补·兵智部》总序中开门见山地提出："岳忠武论兵曰：'仁、智、信、勇、严，缺一不可。'愚以为'智'尤甚焉。"并且把用兵智慧分成四类:"不战""制胜""诡道""武案"。他看不起那些不屑谈兵、不识兵智的迂腐读书人:"儒者不言兵,然儒者政不可与言兵。儒者之言兵恶诈,智者之言兵政恐不能诈。"冯梦龙也有过一定的军事实践经验。天启初年,冯梦龙追随恩师熊廷弼驻扎山海关,作为幕僚,他参与防抗清太祖努尔哈赤的虎狼之师,为时7个月。虽然后来熊廷弼获罪下狱,但这一段军旅生涯为冯梦龙提供了宝贵的军事实践经历。

《智囊补·兵智部》记载了一则古人筑城防寇的史实:"许逵,河南固始人。令乐陵,期月,令行禁止。时流贼势炽,逵预筑成浚隍,贫富均役,逾月而成。"冯梦龙批注两个字:"要紧。"可知他对筑城防寇诸事十分重视。这则故事的背景和当时的寿宁有点类似。冯梦龙到达寿宁后,"初莅任,即以忧深牖户,万难坐视事,申请各台蠲俸蠲赎,重立四门谯楼,城之崩塌处悉加修筑","又置大鼓一面,设司更一名于县之门楼。又修复东坝,蓄水数尺于城内,规模亦似粗备矣"(《寿宁待志·城隍》)。冯梦龙把确保寿宁县城平安放在第一位,抓住城防要害,迅速采取行动,多措并举,初步解决了最重大、最急迫的安全问题。

对三关十六隘问题,冯梦龙在深入调查的基础上进行了系统思考。在《寿宁待志·城隘》中,他针对"各隘扼要而居,山径尺许阔,高下曲折,非用武之地。虽有长枪大戟,无所用之"的特点,提出守备之策:"守隘之具,铳第一,弩次之,虽弓矢亦不逮也。多蓄硝磺,此最紧着。"这正是深谙武备之道的人才能提出的技术防范措施。冯梦龙进一步指出,寿宁三关十六隘中,车岭关、绝险关、铁关和院洋隘最重要,因为嘉靖年间倭寇从福安登陆,即由此地北上犯寿。所以他提出"三关联络""并防院洋"的策略,以保寿宁南路万全。具体说到三关中的车岭关,他主张根据地势险要、常有不法之徒潜伏于此干坏事的情况,因地制宜地利用岭头小庵,"招庵主,使之增葺墙屋。复给资,令垦荒田数亩,行道稍不寂寞";并计划把小庵作为物资、粮草、火药的外库,万一有需要增兵守卫的时候,即可驻扎于此。这些措施主要着眼于防御配套设施,具有很强的现实针对性、可行性。

但有武器、有设施还不够,最重要的是要有人、有兵。寿宁全县原有两百名民兵,因时局动荡,屡经裁减,只剩一百名,需承担各项事务,且粮饷一再克扣,冯梦龙到任时感到几乎无兵可用。对此,从《寿宁待志·兵壮》篇可知,他采取了两项有效措施:一是加强练兵。"县壮素不娴武,余立正教师一名、副教帅二名,专主训练",他亲自抓考核,"月必亲试,严其赏罚",效果很明显,"人知自奋,有稍暇即往演习"。二是计划招兵。"今四隘新复,欲于附近处团结隘兵",有效加强车岭关、绝险关、铁关和院洋隘的守备力量。这样人力问题也就基本解决了。

以上技术防范、物质防范、人力防范措施,主要着眼于防寇。要保一方平安,还需解决其他安全问题。冯梦龙新官上任之初,急需解决的一个安全问题是虎暴。《寿宁待志·虎暴》篇载:"余莅任日,闻西门外虎暴,伤人且百余矣。城门久废,虎夜入咬猪犬去。祷于城隍,不能止。"老虎闹得人心惶惶,不得安宁。为此他遍访民间,寻求良策,得知"平溪有匠周姓者,善为阱。其制如小屋一间,分为三直,内外壮棂,闭羊左右以饵虎,空其中设机焉。触之则两闸俱下,虎困而吼,众乃起而毙之"。这种捕虎之阱其实是一种大型木器,原理与捕鼠笼子类似。要造虎阱就需要资金,冯梦龙个人捐俸,聘请平溪周姓木匠制造了数架虎阱,设在老虎经常出没处,并安排附近居民看守,又发布告示,对捕获老虎者予以奖赏。结果也是效果显著,"半载间,山后、溪头及平溪连毙三虎,自是绝迹",虎患问题由此解决。

防寇、除虎,造就一方平安之境。冯梦龙在治寿期间实现了"无寇"目标,并基本消除或解决了其他影响社会安定稳定的重大事件。他把社会平安、百姓安全放在第一位,为了群众、依靠群众、深入群众、发动群众,针对重点领域、重点部位、重点环节,综合施以"技防""物防""人防"措施,令人称道。

二、宽其赋役使无饥

国以民为本,民以食为天,中国政治家历来重视粮食安全问题。冯梦龙在《智囊补·捷智部》中提出:"自古攻守之策,未有不以食为本者。"虽然这里说的是战事,但冯梦龙强调的是粮食重要性。他主张赋税要以民为本,增减因时而异、因地制宜,反对"税外横取""无名之敛",这是他从历史故事与现实生活中总结出来的智慧。宦寿之后,他直接面对全县老百姓的"吃饭难"问题。

寿宁九山半水半分田,立地条件恶劣,老百姓以务农为本,凿石作田,计苗为亩,农业生产十分困难;山高水寒,一年一熟,粮食收获十分微薄,加上水旱频仍,庄稼时常绝收,"一值水旱,外运艰难,立而待毙"。崇祯年间,朝廷内忧外患,风雨飘摇,寿宁虽偏安于一隅,但战事影响早已波及,《寿宁待志·恩典》中记载:"万历季年以后,海内多事,征解日急。"朝廷征收的各种苛捐杂税不断增多,"民无余欠,库无余财"(《寿宁待志·赋税》)。老百姓外逃严重,成年男子大半跑到浙江一带种植苎麻以养家糊口。冯梦龙在诗中真实描写了寿宁老百姓的悲惨境地:"穷民犹蹙额,五月卖新禾。""带青砻早稻,垂白鬻孤孙。"笔端所及,颇有诗圣遗风,正是一幅乱世饥荒图!

面对此情此景,冯梦龙认为朝廷最利民的恩典首推"蠲免钱粮",官府最惠民的政策当属"宽其赋役"。但这些恩典、善政很难实现。冯梦龙在《寿宁待志·赋税》中附录了一首《催征》诗,生动描写了老百姓既缺少粮食,又不得不承担沉重赋税的悲惨境地:"不能天雨粟,未免吏呼门。"冯梦龙的内心充满了思想矛盾:"聚敛非吾术,忧时奉至尊。"他哀叹寿邑之贫、寿民之艰、寿令之苦,祈盼"安得烽烟息,敷天颂圣恩",同时又寄希望于当权者对老百姓"稍垂怜于万一""可以恻然"。显然,在明末的特定历史背景下,冯梦龙希望对老百姓实践"宽其赋役",实在勉为其难,或者说基本不可能。

但"无饥"依然是冯梦龙必须努力去实现的目标,因为那是他肩上的职责所在与内心的道德要求。现实逼迫之下,冯梦龙能想出的办法是修仓贮粮,防范饥荒,正如《警世通言》第二十二卷《宋小官团圆破毡笠》中所说:"养儿防老,积谷防饥。"《寿宁待志·赋税》中载,冯梦龙查阅寿宁旧志,得知县衙幕厅前共有六间际留仓、预备仓,其中朝南的两间已毁坏了,剩下朝北的四间"一扫如空"，全无存粮；县城东边的一所社仓不知什么时候变成观音堂，早已废弃；乡下原有四所社仓，分设在小东、南洋、南溪、大洋四个堡，均已废弃。他认真学习万历年间寿宁知县戴镗的贮银输谷方法，即申请将赎银贮留在县库不发放，在每年开始征收捐税的时候，对有粮食的农户扣减徭差银三钱，责令其输送缴纳粮食一石，所扣徭差银就以贮留在县库的赎银来抵账。这样"官无发粜之扰，民有乐输之便"，官民都高兴。冯梦龙实施此法之后，县仓"三年以来，储俱见谷"，基本可以应对灾荒，确保"无饥"了。他还计划修复乡下的四所社仓，让老百姓就近输仓，就近领籴，免除"跋涉负担之劳"，考虑得十分周到。

助民者天亦助之。《寿宁待志·祥瑞》中记载，冯梦龙宦寿第三年，寿宁出现了罕见的祥瑞景象。第一个祥瑞景象是竹子生竹米。寿宁漫山遍野的竹子都生出了竹米，不仅外形像小麦，而且可以食用，碾成粉可以煮粥，舂了壳可以做饭。这一年正好米价昂贵，粮食匮乏，全县百姓都竞相采摘竹米，"多者或盈数仓，转以发粜，每石价一金。凡出竹米数千斛，民赖以济"。令人惊奇的是，竹米仅仅生长在寿宁县内，县境之外都没有，简直是天佑寿宁。冯梦龙为此查阅了府志，发现宋朝年间有建州（后改置建宁府）竹子生竹米达数十万石的记载，他怀疑寿宁的竹子品种与别处不同，经常会生竹米。他高兴地赋诗歌唱竹米："不意龙钟态，翻成凤食祥。剖疑麦子瘦，开仿稻花黄。无禁携筐便，相宜入爨香。此君生意在，暂槁亦何妨。"第二个祥瑞景象是稻谷长多穗。这一年夏天久旱不雨，全县人民都以为粮食要歉收了，想不到求雨之后天降甘霖，稻谷获得大丰收，渔溪一带的稻谷竟然一棵长出两穗、三穗。在常人看来，麦子长两穗就值得欢欣鼓舞了，何况是稻谷长了两穗、三穗呢！这会不会又是什么优良品种呢？冯梦龙不管原因为何，认为这都是好事，又赋诗歌唱瑞禾："簌簌迎风重，垂垂浥露多。分歧珠累串，合影玉联窠。已卜鸡豚饱，无劳鸿雁歌。"他由衷地感慨："余虽无善政及民，而一念为民之心，惟天可鉴。民贫粮欠，或天所以哀寿而宽拙吏之责与？"一代循吏的喜乐哀愁与老百姓紧紧地联系在一起，拳拳之心、殷殷之情跃然纸上，令人动容。

粮食之外,食盐也是民生所必需。当时寿宁盐政出现严重问题,一是盐船从九只减少为五只,又遭海寇索赎烧船,盐商十分艰难;二是寿宁无私盐,但上级每年摊派缉私任务,克扣弓兵的工食银钱充当私盐,十分不公平。冯梦龙仔细谋划对策,不在老百姓身上打主意,而是提出计户供盐之策,算清全县五十三堡食盐用量,在各乡设立官牙,由其包足全年数量;同时逐步招募殷实盐商,补足盐船。这么一来,既能保证百姓用盐,又能应付上级考核,确实是实政良策。

修仓贮粮也好,谋划盐策也罢,目的都在于守护民生底线,力使百姓"无饥"。此外,冯梦龙还计划在寿宁县城建立专门场所,集中隔离收治传染病患者;他专门打报告给上司,建议减少官府迎来送往,改革升科考成办法,根据实情再造黄册,切实减轻百姓负担。凡此种种,皆为民生,冯梦龙牢牢守住了全县老百姓的生活保障线。

三、省其谳牍使无讼

寿宁地处偏远,交通闭塞,经济社会发展滞后,文化教育事业落后,普通民众不懂法律,人与人之间难免出现讼争行为,社会因此出现了不安定状况,也就是世人所谓的"好讼"了。

冯梦龙没有直说寿宁人"好讼",但对寿宁人"好讼"的现象多有记载。他在《寿宁待志》中专列《狱讼》一篇,开篇就说:"寿讼最简,亦最无情。"他列举了多种情况加以说明:有的人卖家产,买方已经再三加价了,他还要诬告人家白占他的家产;有的人把百来年前的古旧契纸,一直当作最珍贵的宝物收藏着;有的人订立契约最随便简陋,拿了方寸大的劣质纸张就在上面潦草地书写;还有一些人伪造契约,目的是争得一些钱,要求并不高……面对这些矛盾纠纷,冯梦龙通常都是结合实际情况进行妥善处置,"故年月稍近,有司往往怜贫量断,亦从俗云尔"。他坦承,监狱中连年没有被判处死刑的人,并非真的没有违法犯罪行为,完全用不着刑法了。

《寿宁待志·风俗》篇记载,有的人发生了债务纠纷要诉讼,"宦债未清,屡见讼牒";有的人发生了墓葬纠纷要诉讼,"余初见讼牒,有争金瓶位者……不尽亲族,而先授他人,则讼";有的好讼者不仅诬告普通人，而且诬告官差，"民首一盗，无何，首者被讼。官捕一盗，无何，捕者亦被讼"。《寿宁待志·劝诫》篇记载，有的人冒名顶替，越级诉讼，影响极坏，比如有一个叫符丰的人，"仇视其族，遍讼各台，更名借籍，诬杀陷盗，如鬼如蜮，不可端倪"。

因为"好讼"，寿宁还产生了一个专门替诉讼当事人做担保、代办诉讼事宜的特殊群体，叫"保人"。《寿宁待志·狱讼》篇载："小民在城者，以歇保为生理。两造不责保人，虽拘摄不听也。保人各为其主，不减自讼。如愿息，亦惟二保人为政。"作用比现代的律师还要大。

冯梦龙在寿宁知县任上办过不少典型案件。《寿宁待志·狱讼》中详细记载了一个案件：一天，青竹岭村人姜廷盛怒气冲冲地到县衙状告三望洋村人刘世童，自述与弟弟到三望洋村征粮，被刘世童劫粮并砍伤弟弟。原告不仅有保人为证，而且其弟头上伤口清晰可见，令人害怕。被告被传唤到庭，却说是原告砍伤弟弟，以此讹诈陷害于他。冯梦龙感到被告所说令人难以置信，但看其衣冠楚楚、镇定自若，又不像是假的。冯梦龙让双方各找保人担保回去，次日中午放了个烟幕弹，说是要坐轿外出拜客，实际上绕小道直奔案发地，经遍询村中童叟，且找到当时在场劝解的原告姨母，证实被告所言不虚。细究原委，原来是原告对被告有宿怨，同时嫌弃自己的弟弟瘸手不会干活，就故意带弟弟到被告家寻衅滋事，既想借机让被告打死其弟，又可以嫁祸被告，一箭双雕。没想到被告不上当，原告恼羞成怒，拿了一把杀猪刀掷伤弟弟前额，使他血流满面，原告还将血涂抹到自己身上，谎称自己也受了伤。真相水落石出！冯梦龙重重责打了原告，责令他把弟弟带回家治疗，如果弟弟没死，准予从宽处理，如果弟弟死了，要他偿命。原告没办法，最终小心翼翼地把弟弟治疗好了。在此案中，冯梦龙运用传统听讼的辞听、色听、耳听等多种方法，又采取声东击西、微服暗访、实地探察、多方取证等措施，使得真相大白，作恶者得惩，被诬者得雪，受害者得救，表现出令人赞叹的司法艺术水平。他感叹："始知天理所必无，未必非人情所或有也。""假使余不躬往或往而不密，必为信理所误矣。"他把案件详载于志，目的是提醒后来者要仔细办案。正如《喻世明言》第二卷《陈御史巧勘金钗钿》中所说："如山巨笔难轻判，似佛慈心待细参。公案见成翻者少，覆盆何处不冤含？"

冯梦龙还办过一个案件，被收入复旦大学出版社出版的三卷本《中国历代名案集成》。案件内容来源于《寿宁待志》中《铺递》与《劝诫》两篇，讲的是：寿宁县有一个泗洲桥村，是通往政和、宁德、古田三县的交通枢纽，向来"顽民渊薮，非劫即窝，根深蒂固，有司之而不敢问"；村中顽民又与邻县村民通婚结盟，"互相应援，一呼百集，目无官府，欠粮拒捕，无所不至"。泗洲桥最典型、出名的顽民叫陈伯进，"杀人屡案，皆以贿脱，固已弄官府于掌上"。冯梦龙到任以来，历来难以对付的犯人，几乎都已被捉拿归案、受审定罪，唯独陈伯进例外。冯梦龙派官差前往缉拿，陈伯进"阖其门，契汤壶从楼窗灌下"，官差没有抓到人不说，反而被攻击得狼狈而逃。冯梦龙深感耻辱，有一次趁从建宁府返回寿宁县的机会，亲自带人前往泗洲桥。陈伯进又纠集邻村同党多人持械顽抗，最终被冯梦龙捉拿归案，并严加审判定罪。此案相当于现在的"扫黑除恶"典型案例，打击的是为非作歹、称霸一方的恶势力，保的是一方平安、诸多百姓。冯梦龙为了彻底解决泗洲桥问题，又向上级请示：把一名没有任用的候缺巡简安排驻扎到泗洲桥所在的七都，责成其办理一切征收欠税、拘提人犯等公务，并告诫他"毋受辞、毋擅决、毋生事、毋亵体"，不要受理诉讼、不要擅自做决定、不要制造纠纷、不要轻慢官场体制，这样"移无用之官为有用，而收化外之民于化内"。上级批复同意了，冯梦龙很快把泗洲桥公馆改扩建为巡检衙门，并改变了泗洲桥面貌。由此可知，冯梦龙是一个有勇有谋、胸怀大局、敢于担当的地方官。

冯梦龙在《寿宁待志·狱讼》中还指出了寿宁刑事司法的一大弊病。因为寿宁没有仵作，凡是官司中需要用到仵作的时候，都必须到相隔数百里的松溪县、浦城县请借。这些仵作以奇货自居，上下其手，索要各种安家费、路费、检验费、赏钱等，而这些费用都要案件当事人承担。当事人苦不堪言，有时即使出了人命，也只能请求免检息讼，官府也没办法。这样必定会造成冤假错案。

冯梦龙对寿宁人"好讼"的成因做了分析："寿邑山险而逼，水狭而迅，人感其气以生，故性悍而量窄，虽锥刀之细，骨肉至戚死不相让。不知法律，以气相食，凌弱蔑寡，习为固然。"（《寿宁待志·风俗》）他认为寿宁人"好讼"，一是环境使然，即所谓"穷山恶水出刁民"；二是文化使然，老百姓普遍没有接受过法律教育，多是"法盲"。

冯梦龙既知好讼之弊,提出"省其谳牍,可使无讼"的对策,就具有很强的针对性。他既以金刚手段保一方平安,又以菩萨心肠促一方和谐。具体来说,就是通过道德教化、调解纠纷等方法,德主刑辅,礼法兼治,力使"无讼"。

冯梦龙非常重视道德教化。《寿宁待志·风俗》载,他为士子"立月课,且颁《四书指月》亲为讲解"。"四书"是儒家经典,饱含道德教化与"无讼"思想内容,《四书指月》是冯梦龙编纂的科举教科书。可以推断,冯梦龙在讲授"四书"时必然融入个人思想观念,使三尺杏坛成为道德教化、源头防讼的重要平台。由于教育成绩显著,冯梦龙高兴地说:"士欣欣渐有进取之志,将来或未量也。"他也十分注重从正、反两面树立典型形象来教育老百姓。他支持重建状元坊,修缮旌善亭,表彰先达、孝子、节妇、乡宾、耆民,把一个个姓名都记载到《寿宁待志》里;他修缮申明亭,将上文所说符丰、陈伯进等顽民、恶霸的姓名,都用红笔写到申明亭上,以此昭告世人,警戒后人。

冯梦龙十分重视调解纠纷。寿宁民间广为流传的冯梦龙断牛案故事,就是一个典型的官方调解案例。两个村庄的两头水牛相斗,差一点引发集体械斗,冯梦龙用十六个判词就使得案结事了人和:"两牛相争,一死一生,死者同食,生者同耕。"充分体现了冯梦龙的司法智慧,令人击节赞叹。《寿宁待志·风俗》中则记录了寿宁独有的一种民间调解方式:两姓结怨,争闹不休,亲戚、朋友想给他们解决纠纷,就让乙的儿子拜甲为义父,立了结拜文书就好了。有的人长期负债没法还,也用这办法,欠债人的儿子拜债主为义父,债主就销毁债券,所欠的钱就算是送给义子买鞋袜了。欠债人的儿子即使心里不满,仍然终身称债主为义父。这种化怨为亲的解纷方法,消弭了不少民间纠纷,在那个特定时代堪称高妙。

冯梦龙还注重解决历史积案。寿宁西浦《缪氏大家谱》中保留的一份《县主冯告示》,就是冯梦龙成功解决"信访积案"的一个证据。这份告示概述了一个曾经上诉到县、府、道三级官府的民间纠纷,冯梦龙灵活运用软硬不同的措施,并张贴告示,广而告之,最终彻底解决了这个历史遗留问题。

在解决社会问题时,冯梦龙十分注重情、理、法的有机结合。

收录在《寿宁待志·风俗》中的《禁溺女告示》，由冯梦龙以文学家的笔法亲自写就，语言明白晓畅，通俗易懂，修辞手法多种并用，极富特色，内容动之以情，晓之以理，警之以法，十分精彩，最终效果也是立竿见影，恶风顿息。一篇告示拯救了诸多女婴，冯梦龙堪称功德无量！

冯梦龙治寿四年，积极有为，"有事无事，俱抱苦心；大事小事，俱用全力"。他抱着"以勤补缺，以慈辅严，以廉代匮，做一分亦是一分功业，宽一分亦是一分恩惠"的态度，通过"险其走集""宽其赋役""省其谳牍"综合施策，竭力实现"无寇""无饥""无讼"目标，取得了显著成效，"牢房时时尽空，不烦狱卒时时报平安也"，百姓安居乐业。明末清初著名诗人钱谦益称赞冯梦龙："晋人风度汉循良。"文从简称赞冯梦龙："桃李兼栽花雾湿，瑟琴流响讼堂清。"(《赞冯犹龙》)福建名士徐惟起更是夸奖冯梦龙为全省知县第一："百端苦心，政平讼理，又超于（闽中）五十七邑之殿最也。"(《寿宁冯父母诗序》)清代《福宁府志》和《寿宁县志》都把冯梦龙列为循吏，评价他："政简刑清，首尚文学，遇民以恩，待士有礼。"总之，冯梦龙的"三无"目标在宏观层面上是实现了，这一业绩已经载入史册。我们研究冯梦龙的治寿理念和实践，可以为新时代地方治理提供宝贵的启示和借鉴。

参考文献

[1]〔明〕冯梦龙著，陈元度译文，李安编校《寿宁待志校译》，福州：海峡文艺出版社，2018年。

[2] 高洪钧编著《冯梦龙集笺注》，天津：天津古籍出版社，2006年。

（作者为福建省寿宁县人民法院党组成员、政治部主任）

论冯梦龙"适俗"文学理念

王安溶

摘 要：明代通俗文学家冯梦龙，怀抱挽救世道人心的教化目的，在"适俗奏雅"的创作理念下，以"俗"的标准探索文学创作的新路，其醒世警天的理想正是通过达至情之"真"、宜市民之"趣"、描庸常之"奇"的适俗理念实现的。

关键词：冯梦龙 适俗 崇真 尚奇 俗文学观

明代商品经济的发展不仅促使明人的物质生活趋向精致、奢侈，更改变了人们休闲娱乐等精神观念和情志趣味。特别是嘉靖以后，受"尊情"思潮与阳明心学的影响，市民阶层普遍流行着崇真尚情的审美追求、直观感性的思想趣味及"常中出奇"的尚奇心理。

明代市民社会崇尚的此种情志趣味，颇契合冯梦龙所理解的"俗"。一方面，长期冶游市井的冯梦龙与市民的生活方式、思想情志本就有着诸多相似相通之处，这有利于他"适俗"，精准地把握市民的喜好；另一方面，作为一名通俗文学作家和出版家，为求商业利润，他也有必要敏锐捕捉到"俗"，并适时地趋俗从时。

一、达至情之"真"

商品经济的发展和阳明心学的深入人心在明代社会掀起了人性复苏、个性张扬的思潮，引导着明人的追求由外部世界逐渐转向内心世界，发掘人自身的需求与价值。李贽甚至高倡"穿衣吃饭，即是人伦物理；除却穿衣吃饭，无伦物矣"①，肯定穿衣吃饭等人的合

---

① 〔明〕李贽《焚书·续焚书》，北京：中华书局，1975年，第60页。

理欲望，鼓励追求人情物欲、美食声色的享受。在这样的情况下，"好货"与"好色"成风，一方面，市民以叛逆的勇气、人性的本能追逐着物欲享乐，另一方面，他们压抑已久的情与欲也得以突围与释放，情爱作品中的情之真与欲之纵是市民喜闻乐见的。

明代"情"是广泛的，自称"情痴"的冯梦龙在《情史》序中提出："天地若无情，不生一切物。一切物无情，不能环相生。"① 在冯梦龙看来，万物皆有情，情是遍及万物的。同时，"情始于男女"，男女之情是一切"情"的起始与发端，在此基础上，他认为"凡民之所必开者，圣人亦因而导之，俾勿作于凉，于是流注于君臣、父子、兄弟、朋友之间而汪然有余乎！"② 可见，"情"是始于男女之情的，但又不仅仅包含男女之情，君臣之情、父子亲情、兄弟手足之情、朋友间的友情同样是"情"的内涵，"情"由男女之情流注于君臣、亲朋、万物。"情"虽不单单指向男女之情，却以男女之情为起始和主体，《挂枝儿》就是一部男女私情民歌集，《情史》辑录大量充满人性张力的男女情事，为情立传，"三言"中更有近三分之一的篇目围绕男女情爱展开。

在种种"情真"中，冯梦龙尤为关注世俗男女情爱之"真"，以不加矫饰、至情迫出的男欢女爱故事回应市民对情爱本能的追求，达到"适俗"的效果。男女情爱之"真"首先体现在男女真挚的爱情上。爱情，是生命永恒的法则，也是文学永恒的题材。长期以来，在封建礼教的束缚下，中国的爱情故事都离不开父母之命、媒妁之言，没有西方世界的自由平等。而冯梦龙通过男女间热情又真挚的情愫、忠贞不渝的专情、为自由之爱勇敢的抗争、对虚情负心的批判，呈现出男女爱情之"真"，这是极难能可贵的。这种爱情之"真"首先包含男女之间热情而真挚的情愫。如《赠瓜子》篇："瓜仁儿本不是个希奇货，汗巾儿包裹了送与我亲哥，一个个都在我舌尖上过。礼轻人意重，好物不须多。多拜上我亲哥也，休要忘了

---

① 〔明〕冯梦龙辑评《情史》，杭州：浙江古籍出版社，2011年，第3页。
② 同上书，第4页。

我。"① 通过描写"瓜子"这个不是生活中的"希奇货"一个个从舌尖过赠与情郎的动作，怀春少女的浓情蜜意被刻画得生动形象。同样，《咳嗽》《喷嚏》篇更是用人们最熟悉不过的小动作作为暗号表达入骨相思，语意虽直，却直出肺腑，真挚而热烈。其次，男女爱情之"真"还表现为男女间忠贞不渝的专情。明代对妇女贞节是极为推崇的，据《古今图书集成》记载，明代有节妇烈女 36000 余人，远超元朝。身处重"贞"时代的冯梦龙对"忠贞不渝"有着不同的理解与诠释。他将"情"作为忠贞的基础与前提，出于"真情"的忠贞是为冯梦龙所赞扬的。另外，忠贞的美德通常是专赋予女性角色的，在儒家的鼓吹中，贞节不仅是女性须追求的美德，更是应尽的义务，但冯梦龙在呈现忠贞不渝的专情故事时，反其道而行，不单单塑造专情的女性，更有忠贞不渝的男性代表，双方共同出于"至情"而从一而终、至死不渝。"三言"颇多这类作品，《乐小舍拼生觅偶》中乐小舍与喜顺娘自小青梅竹马，却因门不当、户不对受到家中阻拦，在一次观潮中两人再度相见，双目相对，如痴如醉，乐小舍不顾被潮水吞没的危险，跳入浪潮欲救顺娘，二人双双被救起后，终结为夫妻。正是二人之间生死不渝的爱情使得有情人终成眷属。在《宋小官团圆破毡笠》里，得了痨病的宋小官被岳父刘翁抛弃，刘翁之女宜春"哭天抢地"，痛斥父母"伤天害理"，逼父"还我宋郎"，发了横财的宋小官也发誓不娶，终与宜春团圆，一个贫贱不能弃，一个富贵不能移，他们之间的忠贞与专一足见爱情之"真"。《情史》更是专列"情贞"一类，辑录忠贞的男女情事，尽管其中不乏官方主流价值所标榜的"节妇"故事，但是依然有《范希周》这样展现冯梦龙独特贞节观、爱情观的故事。《范希周》以男人的名字作为这个忠贞不渝故事的题目，而不用"某某女""某某妇"为题，可见冯梦龙对此种行为的赞赏与认可。可见，只有男女双方互相付出真情，才是爱情中真正的忠贞不渝。除了热情又真挚的情愫、忠贞不渝的专情，冯梦龙将为自由之爱勇敢抗争也作为

---

① 〔明〕冯梦龙《挂枝儿 山歌 夹竹桃：民歌三种》，北京：北京联合出版公司，2018年，第 13 页。

突出男女爱情之"真"的重要成分。封建社会的青年男女没有婚恋自由,在人性逐渐觉醒的明代,市民以叛逆的勇气勇敢追求,冲破封建礼教的种种束缚。冯梦龙的笔下有诸多为情抗争的动人故事。《宿香亭张浩遇莺莺》《张舜美元宵得丽女》等讲的都是青年男女经过艰苦卓绝的斗争而终成眷属的故事。对这种叛逆的勇气、至情的真切,冯梦龙是赞扬和认可的,而对于缺失"真情"、虚情假意、负心背意的负心汉,冯梦龙则进行了严厉的批判。《王娇鸾百年长恨》中的书生周廷章就是"无情"的代表,与忠贞不渝的"范希周们"相比,"周廷章们"或遭人唾骂,或被乱棍打死的结局实属大快人心,可见冯梦龙对"无情"的痛恶。

情爱之"真"还体现在男女私情上。李贽曾对"私"做出肯定性论述,为男女私情的合理性提供了理论支撑,他说:"私者,人之心也,人必有私而后其心乃见。若无私则无心矣……然则为无私之说者,皆画饼之谈,观场之见。但令隔壁好听,不管脚根虚实,无益于事。"[①] 这里所论之"私"与男女私情弃公共意志于不顾之"私"在根基上完全一致,都是无视形式束缚、尊重主观真实意志的自由情感。私情主要又分婚外偷情与未婚男女私会两种。无论哪种,都是不为封建礼教所容的,但是正如彼特拉克在《秘密》中所说的,我是凡人,我只求凡人的幸福。明代市民在人性觉醒的过程中愈加关注自己内心的真实欲求,追求真真切切的幸福,冯梦龙对男女私情也表现出了理解和宽容,毕竟在冯氏看来,虽为"私"情,但确实是一种诚挚真情。对于婚外偷情,他在评民歌《耐心》时引用"所谓妻不如妾,妾不如妓,妓不如偷,偷不如偷不着也"[②] 的惊俗之语,可见他对偷情的宽容态度。《蒋兴哥重会珍珠衫》中的王三巧虽对丈夫蒋兴哥有情,但蒋兴哥私自安排远行经商,未按期归来,王三巧出于孤苦难挨、渴求人情,在薛婆的诱骗之下偷情陈大郎。王三巧虽偷情背叛丈夫,失德失节,但也反映了人最自然、最真实的情感欲求,不同于《情史》中"情贞"类塑造的诸多"节妇",

---

① 张建业主编《李贽文集·藏书》,北京:社会科学文献出版社,2000年,第626页。
② 〔明〕冯梦龙《挂枝儿 山歌 夹竹桃:民歌三种》,北京:北京联合出版公司,2018年,第4页。

她们与丈夫没有多少情感基础却以惨烈的方式追寻空洞的"贞节"之名，压抑可怖的意味跃然于纸上。相比之下，王三巧的偷情反倒因流露了情感欲求之"真"而拥有了"人"的生机。蒋兴哥对于王三巧的背叛也表现出了谅解，蒋兴哥的谅解也正是源于他对妻子的"情"，他将错归咎于自己贪图蝇头小利离家经商，休妻也是因为他相信王三巧对他真情不复在，而最后的破镜重圆则因为两人真情依旧，皆是围绕一"情"字，这种宽容与谅解也是冯梦龙的态度。对于未婚男女私会，冯梦龙《挂枝儿》《山歌》中辑录了大量直白、真挚的私情民歌，《挂枝儿》还专设"私部"。《山歌·采花》篇，女子欲邀请情郎幽会相见，却不直说，而是以"采花"为理由，是一种既委婉又不失热烈和勇敢的真挚表达。此种民歌在《山歌》《挂枝儿》中比比皆是，或初恋旖旎，或热恋狂放，但共同点都是"天地自然之文"，呈现的都是青年男女间毫无避讳、不加掩饰的对心上人的渴慕，虽"色胆大如天"，却也情真意切，真挚动人。

情爱之"真"还体现在认可合理的情欲上。英国哲学家罗素认为，回避绝对自然的东西，最终反而会以最病态的形式加强对它的兴趣。在古代中国，人的自然欲望由于受到程朱理学思想的毒害而被压制，正统文学中，情欲也往往被有意识地遮蔽，但理学教条形成的环境压力终究无法钳制自然生发的人性人欲，反而只会使人更加欲火如焚，甚至走向纵欲的极端。事实上，朱熹说"饮食，天理也；山珍海味，人欲也"①，说明"人欲"是超出正常社会规范的欲望需要，只有超出社会规范的欲望才需要被控制，并非是完全的禁欲主义。而后宋明理学家为维护封建秩序，提出了"存天理，灭人欲"，对本来有着合理性的自然欲望也一并扼杀。但是自号"多情欢喜如来"的冯梦龙对人的自然情欲是充分认可的，将情欲视作男女之间"情真"的直接表现，而且在冯梦龙笔下，情欲不再是男性的专属，女性也可以寻求男子满足自己作为人的正常欲求，进而追求更高层次的爱情。《情史》中女性"自荐枕席"类故事就有44篇，

---

① 〔宋〕黎靖德编，王星贤点校《朱子语类》（第一册），北京：中华书局，1988年，第224页。

这类故事应滥觞于战国宋玉的《高唐赋》,后世故事结构虽大致定型,但男女主角却发生了改变,唐代以后女主角逐渐从女神变为女鬼、女妖。至冯梦龙,女主角已褪去了神圣性和崇高感,成为情欲的主动引导者,男性主角也变为世俗中的普通男子,故事所呈现的是"人"真实、强烈的情欲。除此之外,冯梦龙还揭露寺庙中男僧女尼同世俗男女一样有情欲。《赫大卿遗恨鸳鸯绦》中的女尼姑们是真念佛、假修行,表面上信奉五戒,实际上却是一群"色中饿鬼";《汪大尹火焚宝莲寺》中的至慧和尚公然骂佛门规矩"扯淡"。这正是人性的觉醒,是对禁欲主义不人道的抗议,男僧女尼同为凡胎肉身,人情人欲自难抑。尽管冯梦龙承认情欲的合理性,但是这不意味着他对情欲持完全放任的态度。在他看来,以情真为基础的情欲是人之常情,这种情欲与"淫"是完全不同的,因此,对于单纯的肉欲、泛滥扭曲的情欲,冯梦龙并不认可,他明确区分了"情"与"淫":"夫情近于淫,而淫非情报。"① 在《情史》第十七卷中,他还指出"夫有奇淫者必有奇祸"②,告诫那些贪图淫欲之人,他们必然会面临特别的灾祸。因此,在冯氏作品中,淫祸亡身的例子不少,如《情史》专列"情秽"一类,展现纵欲男女们的悲惨结局。可见,冯梦龙认可的情欲是出于"情真难抑",绝非"奇淫放荡",是基于"情"的维系,摆脱礼教的束缚,张扬着真实的人性,以超脱的姿态展现男女情爱之"真"的一个侧面。

二、宜市民之"趣"

优秀的文学作品,反映的是社会风俗现状,表达的是普遍的时代心理。冯梦龙字里行间展现的正是一幅中晚明人情世态风俗画,将市民细微的心态和独有的情趣精准拿捏,贴切呈现,可谓为市井细民写心。

由于社会地位、文化心理等原因,市民往往更加感性、直观地看待世界。正如冯梦龙在《警世通言》序言中所说:"村夫稚子、

---

① 〔明〕冯梦龙辑评《情史》,杭州:浙江古籍出版社,2011 年,第 187 页。
② 同上书,第 537 页。

里妇估儿,以甲是乙非为喜怒,以前因后果为劝惩。"① 市井细民对待善恶是非是爱憎分明的,人无非分为"好人"与"坏人",几乎没有中间地带,他们追求善有善报、恶有恶报,能够接受的是较为直观的道理,绝非经史子集中复杂艰深的理论。如诱骗王三巧偷情的陈大郎,最终路遇劫匪,受惊身亡,而王三巧与蒋兴哥之间纵然有情谊,依然要在破镜重圆后由妻变妾以示惩罚;吕志为吞家产卖嫂不成,反被嫂子卖掉妻子,落得害人终害己的下场;金钟毒害僧人不成,反将自己的孩子毒死,家破人亡。反观冯梦龙作品中的行善之人,终有好报。秀童被诬告几乎丧命,事清之后继承家业,迎娶美妾。行善之人不仅自己会有好报,福泽往往还延及子孙,如《吕大郎还金完骨肉》《两县令竞义婚孤女》中吕大郎与钟离公行了善事,子孙后代也多显贵通达。可见,面对世间的善恶好坏,冯梦龙的态度与评价是很分明的,这与村夫稚子、里妇估儿直观感性的认知特点相契合,符合市民的阅读期待。

另外,冯梦龙笔下的人物以商人、小贩、娼妓、妇女、奴仆、僧道、媒婆、役夫等各色世俗之人为主,也包含部分文人士子。面对不同身份的人物,冯梦龙的态度也不尽相同,自觉地适应了市井细民的趣味与需求。首先,冯梦龙对新兴商人阶层是持欣赏态度的。中国古代社会长期处于"重农抑商"的思想下,商贾社会地位低下,在文学作品中的形象往往也不算光彩,如白居易《琵琶行》里,琵琶女的夫君就是一位重利轻情的商人。明代中后期,资本主义萌芽已经在东南沿海较为发达的城镇出现,张居正提出的"厚农而资商,厚商而利农"主张,促进了商品经济的进一步发展。从亲王贵族、官僚士大夫到市井小民,都有经营商业的,崇商、好货已成为社会普遍心理。普通市民对于经商生活尤其是商贾致富经历更是充满好奇。出于对大众兴趣的敏感捕捉和对时代环境的自觉反映,冯梦龙作品中不仅多有商人形象,且商人形象多为正面人物,他们中的很多人拥有优良的品质和高尚的人格。如《卖油郎独占花魁》中的秦重,他虽为小商人,但他身上体现出的不再是重利轻义或贪婪狡诈,

---

① 〔明〕冯梦龙《警世通言》,长沙:岳麓书社,2019 年,叙。

而是厚道老实,诚信重义,因此最终得到了抱得美人归的结局;《范巨卿鸡黍生死交》一篇中,主角沉溺商海导致延误约会,不惜自杀也要以魂魄一日行千里赴约相见,故事以传奇神秘色彩引人入胜的同时也突出了身为商人的主角已经和传统文人士子一样,可以拥有高尚的人格,这样的转变是符合明代市民的阅读期待的。

除此之外,对于女性,冯梦龙热情辑录了她们的情真,也欣赏她们不输男子的才华。冯氏作品中的女性,既有陈玉兰、李莺莺、刘素香等冲破父母之命、媒妁之言自由追爱的女性,又有如苏小妹、黄善聪、刘方等才貌双全、胆识过人的女性,这些摆脱桎梏、冲破束缚的女性形象迎合了市民想要以情抗理的期待,与市民的情志相合。自号"情痴"的冯梦龙对沦落风尘的薄命女子同样怀有深切的同情,尊重她们的独立人格,愿意探索、展现她们作为一个"人"的真实的内心世界,而非只是惺惺作态、假意怜惜,把她们当成既可垂怜亦可戏侮的玩物。他的这一进步思想在男尊女卑的封建社会是相当可贵的。在"三言"里,有名有姓的妓女足足有十六人,其中不乏玉堂春、杜十娘这样重情重义的奇女子,她们颠覆了人们刻板认知里浪荡下贱、贪财无情的妓女形象,作为至情时代思潮的一个缩影,产生了极强的艺术感染力,与市民的情志相适相合。

而对于统治者、文人士大夫,冯梦龙则常常将他们作为讽刺、批判的对象,突显其滑稽可笑的一面,迎合了市民趣味。例如《太平广记钞》中"仙部"记录了唐玄宗爱"奇童",冯梦龙评道:"往时天子爱才如此,故天亦往往产奇才以应之。吁!今亡矣夫。"[1] 他将犀利的矛头直指统治者,这与市民嬉笑怒骂的世俗情怀是相适的。同样,平时高高在上的文人士大夫,也成了冯梦龙嘲笑的对象。《古今谭概》三十六部中被讽刺的士林就有诸多不同的类型,有毫无真才实学的文人,如为了面子不求甚解、随意造字的梁曹景、宗尚胜,分不清班固的名与字却还要装模作样的张由古;也有贪财贪婪的士人,如为了钱财不要风度的广文先生与天性狡诈、贪财受贿的聂豹;

---

[1] 〔明〕冯梦龙评纂,孙大鹏点校《太平广记钞》,武汉:崇文书局,2019年,第74页。

还有迂腐不知变通的文人，他们并无恶劣的品性，却因与现实生活脱节而闹出种种啼笑皆非的笑话，如严冬忽坠水的轩惟行，"援出，裹被坐，却去，竟俟衣干"①。可见因于书斋中的腐儒的可笑与可悲。冯梦龙通过巧妙地选取讽刺对象，一方面可以起到警醒士人的作用，另一方面，在嘲笑士林中平衡了市民因社会地位差异失衡的心理，使市民看到自己的优势，从而得到满足。

综上，无论是市民对待善恶爱憎分明的取向，还是对待不同身份之人的态度，都被冯梦龙敏锐地捕捉、贴切地呈现，展现出市民"嬉笑怒骂皆由我"的鲜活气息与独特情趣，可谓为市井细民写心。

三、描庸常之"奇"

"俗皆爱奇，莫顾实理"，喜新尚奇是人普遍的心理，心理学家麦独孤认为好奇是人的本能，位于人的十一大本能中的第三位。"尚奇"的内容和程度由于时代和个体因素的不同而有所差异。明代丰富多彩的城市生活不断激发着市民好新尚奇的心理，随着自由人性的启蒙、市民欣赏水平的提高以及他们对社会现实关注的加强，"尚奇"有了新的内涵。

古代的神话传说奇在驰骋想象、出奇制胜的"非人"与"非理性"；魏晋时期志怪小说中的"奇人""奇事"仍以超自然的鬼神怪异为主体，但已间杂少量人的生活所孕育出的奇异，而以《世说新语》为代表的志人小说绝少虚幻的情节，缺少幻彩，将视角定位于现实的社会人生；唐传奇讲求"事不奇则不传"，但得益于志怪、志人小说的现实融化，创作表现出了一定现实化的倾向。人们所追求的"奇"，逐渐由虚幻朦胧的想象转向切实可感的写实。

中晚明社会，人性与个性得到张扬，市民阶层已不再满足于旧有的新奇观，而是强烈地渴望在"奇"中获得自己专有的存在空间。这就要求"奇"不仅是脱离现实人生的鬼神怪异，更要与市民阶层的生活息息相关。正如李贽关于"奇"的精辟评论："世人厌平常

---

① 〔明〕冯梦龙编著，栾保群点校《古今谭概》，北京：中华书局，2018年，第22页。

而喜新奇，不知言天下之至新奇，莫过于平常也。"① 可见，在他看来，常中出奇是一种新奇至极的境界，只可惜世人很难觉察这种新奇，反而脱离现实人生寻觅新奇，却不知将目光转向"平常"。同样，凌濛初在《拍案惊奇序》中提出："今之人，但知耳目之外，牛鬼蛇神之为奇。而不知耳目之内，日用起居，其为谲诡幻怪非可以常理测者固多也。"② 凌濛初也将"奇"与耳目之内的"常"相联系。后睡乡居士对好奇失真之弊做出批评，提出了"无奇之所以为奇"的命题。以上将"奇"与"常"勾连的理解，都是将"奇"建立在庸常基础之上的，或者说，是于庸常之中提炼、挖掘出"奇"来的，体现了明代新奇观的重大转折和突破。

市民阶层好新尚奇的心理与"庸常之奇"的观念转向被冯梦龙敏锐地捕捉到，冯梦龙同样遵循这样的创作原则，提出"描写无聊极思，亦奇亦真"③，在他看来，只有平常却又富有奇思妙笔，作品才会别具一格。在《挂枝儿》《山歌》中，"奇""奇绝""亦奇""巧思""奇巧"等批注时常出现，而那些日常情理之内却又出人意料的构思设计也被他称为"仙笔"。事实上，庸常之"奇"的确值得"仙笔"之称，《拍案惊奇》凡例四说"画犬马难，画鬼魅易"④，庸常之"奇"远比鬼神怪异之"奇"更难写，越是在常人可以想见的情景中越难以"奇"抓人。

冯梦龙描庸常之"奇"，首先体现在他着眼于常人常事中细小精妙的设计，即事件巧思之"奇"。冯梦龙笔下的人物不以帝王将相或鬼神怪异为主，而是市井之中的各色世俗之人，如商人、小贩、娼妓、妇女、奴仆、僧道、媒婆、役夫等。他们的世俗悲欢故事在市井的各个角落上演，如店铺、三街六巷、高宅深院、酒楼、衙门、妓馆、寺庙等。只不过在这些常人可以想见的世态人情中，冯梦龙安排了令人"拍案惊奇"的奇巧设计：民歌《咳嗽》《喷嚏》篇，

---

① 〔明〕李贽《焚书·续焚书》，北京：中华书局，1975年，第60页。
② 〔明〕凌濛初《拍案惊奇》，北京：中华书局，2009年，第1页。
③ 〔明〕冯梦龙《挂枝儿 山歌 夹竹桃：民歌三种》，北京：北京联合出版公司，2018年，第33页。
④ 同②书，第2页。

用人们最熟悉不过的寻常小动作表示男女私情暗号与入骨相思，通俗寻常却不失妙境；《沈小官一鸟害七命》《乔彦杰一妾破家》《十五贯戏言成巧祸》等篇章，皆有由于小事而引起大祸的巧妙设计，虽是寻常市民所熟悉的场景，却因极具戏剧性的发展令人惊奇；《吴保安弃家赎友》《羊角哀舍命全交》《陈多寿生死夫妻》等篇，主人公都是市井常人，却拥有超出常人的非凡品格与高贵品质，令人惊奇感叹；除此之外，冯梦龙还擅长用阴差阳错的误会营造庸常之"奇"，《钱秀才错占凤凰俦》《乔太守乱点鸳鸯谱》都是通过无意的差错造成意外的结局，给人以新奇惊异之感。

　　冯梦龙描庸常之"奇"还体现在他在耳目之内的日常题材之中注入些许非现实因素，即非现实色彩之"奇"。如《计押番金鳗产祸》开篇被计押番捕获的金色鳗鱼开口吐人言，与计押番交流，成为奇异事件的开端，其后的故事模式类似佛经故事，计押番不顾金鳗警告将其作为盘中餐，为全家招来灭顶之灾，从趣味性的角度看，这种非现实因素确实会为事件带来奇异、神秘色彩，引人入胜。再如《桂员外途穷忏悔》中桂员外变狗、《临安里钱婆留发迹》中钱婆化为蜥蜴等，都是采用非现实的手法既推动情节的发展，又为故事增添奇异的色彩。

　　冯梦龙描庸常之"奇"也体现在他抓住市民喜精致、奢侈的心理，即耳目之内财货之"奇"。中晚明"好货"风气渐盛，"近来京城内外风俗尚侈，不拘贵贱，概用织金宝石服饰，僭拟无度……上下仿效，习以成风"①。可见社会上下皆物欲膨胀。由于显赫的社会地位，官僚极易成为奢侈的榜样，"牙盘上食，水路过百品，居正犹以为无下箸处"②。统治阶级与官僚士人尚且如此，更不必说市井商民。富裕的商人由于没有功名的牵绊，大肆张扬财力，以弥补自己政治地位低下的缺憾。在"好货"之风的影响下，一般老百姓也皆

---

　　① 转引自钞晓鸿《明清人的"奢靡"观念及其演变：基于地方志的考察》，《历史研究》2002年第4期，第109页。

　　② 〔明〕焦竑《玉堂丛语》，北京：中华书局，1981年，第276页。

"强饰华丽,扬扬矜诩为富贵容"①。冯梦龙身处其间,深知世人对财货之新奇的追求,而普通市民受制于经济实力,固然对奢侈生活心向往之,但大多只是"强饰",往往无法如官宦士绅般尽享精致与奢华,因此他们转而期望在阅读中满足自己的物欲与好奇。冯梦龙作品中多有对商民奢侈生活的刻绘。以《蒋兴哥重会珍珠衫》为例,蒋兴哥家仅仅伺候王三巧的佣人就有五个,一个小商人的排场居然如此之大。再看王三巧的穿戴,"陆续搬出许多钗、钿、缨络之类"②,足见其经济实力和生活水平。除此之外,在饮食方面,仅王三巧和婆子两人用餐,就有一十六个碗,各色菜式,可见其生活的精致、奢华。在《刘小官雌雄兄弟》中,刘方、刘奇在发家致富后,一改往日节俭,讨了两房家人,买了两个小厮,家中器皿一应换新。《卖油郎独占花魁》中,秦重在家道殷实之后"驱奴使婢,甚有气象"③,一改之前的寒酸之气。可以说,诸如此类财货之"奇"不仅奇在对精致、奢华生活的精细刻绘,更奇在这种生活的拥有者可以是最普通的市井细民,既满足市民追求物欲的心理,又满足他们对奢侈富贵的好奇。

综上,中晚明"尚奇"已有了新的内涵,鬼神怪异不再是"奇"的绝对主体,耳目之内的庸常之"奇"取而代之,为市民所接受。冯梦龙多以事件巧思之"奇"、非现实色彩之"奇"、财货之"奇"展现市民所钟情的庸常之"奇",使得他们在"奇"中看到自己在俗世中的影子,听到自己的心声,达到"适俗"的效果。

四、小结

冯梦龙虽"早岁才华众所惊",却鲜以士林典雅艰深的语言矫饰文章,而是跨越了封建文人士大夫的审美藩篱,发现并开拓了"俗文学"的新天地。他把握住晚明时期市民阶层的思想意识和审美趣味,以当时最流行、读者最易接受的形式,歌颂男女之间真挚的爱

---

① 〔明〕张瀚《松窗梦语》卷七《风俗纪》,上海:上海古籍出版社,1986年,第122页。
② 〔明〕冯梦龙《喻世明言》,长沙:岳麓书社,2019年,第9页。
③ 〔明〕冯梦龙《醒世恒言》,长春:吉林文史出版社,2016年,第46页。

情，认可其合理的情欲，对男女私情也表现出一定的宽容，以"情真"触动世人；迎合市民读者爱憎分明的感性心理和善恶有报的阅读期待，为市井细民写心；满足市民阶层好新尚奇的心理，注重故事情节的奇巧设计、日常生活书写的神秘色彩、对精致奢华生活的精细刻绘，于极寻常处写惊奇。这些"适俗"的理念让他的作品洋溢着天然的俗趣与热烈的生命力，为"雅"提供着源源不断的养分，实现着自己"治国平天下"的热望。

（作者为苏州城市学院教师）

论冯梦龙采编山歌与尚"真"文学审美观

孙晓晴

摘　要：明末清初在文人阶层中萌生的"以情抗理"意识，在文艺创作上表现为尚真求实的原则。冯梦龙采编的《挂枝儿》《山歌》这两部民间歌谣集，以"真诗"为典范，借以宣扬其尚"真"的文学审美观。冯梦龙的尚"真"文学理念包含了真的情感内涵和真的审美表达两方面，在今天仍具有启示意义。

关键词：冯梦龙　民歌　真

明代陈宏绪在《寒夜录》中记述了友人卓珂月的一段话："我明诗让唐，词让宋，曲又让元。庶几吴歌《挂枝儿》《罗江怨》《打枣竿》《银绞丝》之类，为我明一绝耳。"[1] 显然，苏州文人冯梦龙也颇为欣赏"我明一绝"的民歌，他甘于下沉到市民阶层，在街头村野、青楼酒肆采集搜罗大量吴语民歌，编辑为《挂枝儿》《山歌》（原合题为"童痴二弄"）。在《山歌叙》一文中，冯梦龙追溯歌谣源头，以为老百姓唱的山歌自古有之，只是从楚骚唐律起文学审美在文人与乡民阶级中逐步分化，"诗"成了上层阶级舞文弄墨的专利，"而民间性情之响，遂不得列于诗坛，于是别之曰'山歌'"[2]。冯梦龙此言，隐含着他对"诗坛"的不满，认为民歌名之"山歌"，实际上是在荐绅学士对诗坛的垄断下被定义生成的。

流淌着"民间性情之响"的山歌难登大雅之堂，反映了正统文学观念对待民间文学轻蔑与傲慢的态度。民间文学在历代遭此贬低，

---

[1]〔明〕陈宏绪《寒夜录》，北京：中华书局，1985年，第6页。
[2]〔明〕冯梦龙编纂，刘瑞明注解《冯梦龙民歌集三种注解》（下册），北京：中华书局，2005年，第317页。

被放逐于诗坛之外，倒也因此不必受文人模式、格律和思想的诸多限制，反而令歌者可以任性恣情、即兴宣泄，进而出现了大量文人文学中少见的歌咏私情的民歌，在明末风靡流行一时。《尚书·尧典》中有"诗言志，歌永言"之说，《说文解字》也将"诗"字解作心志的自然流露，《文心雕龙·明诗》则认为"在心为志，发言为诗"，"故诗者，持也，持人情性"①。显然，相比拘泥于纲常礼教下的文人之作，民间山歌更似发自肺腑、浑然天成，也更接近于古籍圣谟中所说的"诗"。究其原因，就在于尚"真"的文学审美取向，因此李梦阳曰"真诗乃在民间"，冯梦龙也颇向往孔子采诗的时代，认同这些民间的诗"为情真而不可废也"②。

一、"真"的情感内涵

冯梦龙为山歌正名的理论依据，就在于百姓的讴唱中流露着难得的"真情"。他在《山歌叙》中直言："若夫借男女之真情，发名教之伪药，其功于《挂枝儿》等。故录《挂枝》词而次及《山歌》。"③从中可窥见他编录这两部作品的最初起因。在冯梦龙生活的晚明清初之时，整个社会仍旧受到宋明理学的影响，封建统治者往往以名教取人，因此那些喜爱附庸风雅、沽名钓誉的假名士、假道学之辈盛出，招致许多觉醒了的文人的不满。其中，冯梦龙就专门以《山人》讽刺他们，并在评论中感慨："余悲夫山之不山，而人之不人，故识之如此。"④为揭发名教的虚伪，冯梦龙大力宣扬与之相对的"真情"来激浊扬清。

另外，明清之际在文人中很流行"尚真求实"的审美取向，他们大多反感程朱理学那套"存天理，灭人欲"思想对于人性的压迫，所以在创作中也流露出强烈的解放天性和返璞归真的意愿。明代中叶的李贽在《焚书·童心说》中曾专门论述这一观点，他提出童心

---

① 〔南朝梁〕刘勰著，王志彬译《文心雕龙》，北京：中华书局，2012 年，第 58 页。
② 〔明〕冯梦龙编纂，刘瑞明注解《冯梦龙民歌集三种注解》（上册），北京：中华书局，2005 年，第 317 页。
③ 同上。
④ 同上书，第 279 页。

就是真心,是人与生俱来而未被封建礼教所污染的初心和本性。他认为人一旦失去真心就失去真人,"人而非真,全不复有初矣",意谓读"四书五经"越多就越发蒙蔽他们的真心,"于是发而为言语,则言语不由衷","著而为文辞,则文辞不能达"①,由此他感慨:"然则虽有天下之至文,其湮灭于假人而不尽见于后世者,又岂少哉。"② 李贽实际上是借这种激愤言辞表达对"假人""假心"的不满,同时也在呼唤"真人""真心"心态下吐真写实的言语文辞。

明末的许多文人都曾受到李贽思想的影响而重视"真人"的文学,冯梦龙不仅将之内化于心,更收集这些响彻性情之"真"的山歌文学,以免这些"天下之至文"不复存焉。冯梦龙多次赞扬山歌之真,他在另一部散曲选评著作《太霞新奏》中说:"然北之《粉红莲》,南之《挂枝词》,其佳者,语多真至,政自难得。"③ "难得"一词,表明《挂枝儿》《山歌》的"真"文学在当时特定背景下仍是少数派,这种"真"也有着对于封建礼教的反抗意义。正如李贽的"童心说"思想,"真"是一种去教化、去文饰的天人合一的自然境界。显然,乡民讴唱的山歌比之文人士大夫的诗词雅韵更接近人的自然本性。

从冯梦龙编录的《挂枝儿》《山歌》看,他的"真"的文学观主要体现在"情"的纯真、"欲"的真实和"人性"的写真等方面。

(一) 真挚的爱情

冯梦龙的"情真"狭义地指男女之间真挚的爱情,在《挂枝儿》《山歌》中一般表现为私情。《挂枝儿》分私部、欢部、想部、别部、隙部、怨部、感部、咏部、谑部和杂部共十卷,从卷目分类可以看出主题大致为男女恋爱中分分合合的各种情景。《山歌》则是归纳了私情总部,按照体例分前四卷为私情四句,后并杂歌四句、咏物四句、私情杂体、私情长歌、杂咏长歌和桐城时兴歌。从冯梦龙的编选原则可见大部分歌谣主题都围绕男女私情,涉及单身男女

---

① 〔明〕李贽《焚书》,北京:中华书局,1974 年,第 274 页。
② 同上书,第 275 页。
③ 〔明〕冯梦龙评选,俞为民校点《太霞新奏》,南京:江苏古籍出版社,1993 年,第 15 页。

思春、发情、结识、勾搭再到相好、热恋、偷情、败露、山盟海誓、妒情、争执、和好、情淡、移情、离情、相思、重逢、珠胎暗结等诸多情形，咏物歌谣大多数也是将姐与郎比作相应的事物，歌咏的也都是男女私情。周作人在《平民的文学》中指出"真挚"是区别平民与贵族文学的判断依据，"只须以真为主，美即在其中，这便是人生的艺术派的主张"①。周作人所阐述的"真"与"美"的关系，显然正是冯梦龙表达的。

《挂枝儿》中的《错认》篇，内容多为女子思郎，以至辗转反侧，把窗外的柳荫花影错认成了情郎，推窗去问却无人应答，于是"喜变做羞来，羞又变做恼"②，霎时间情绪陡转，思春少女内心丰富细腻的变化鲜明而生动。《错认》另一首中"自笑这等样的痴人也，连风声也骗杀了你"③，用"痴人"自嘲自解，描摹出女子陷入爱情中魂不守舍的心理状态。这些私情山歌敏锐地捕捉到了爱情中的细节，把恋情中患得患失、反复无常的微妙心态展现得真实动人，民歌对于这样的私情描绘得细致入微，显然是深陷情网之人的真实写照。

山歌中结识私情的男女还很在乎用情之真，即使是婚外情、不伦情或妓楼中的露水情，无论男女对象或人伦道德，只要谈及"情"字必然是要用真心。《耐心》《是非》《自悔》《狠》《心变》《夜壶》《月》《金针》等山歌对此都有涉及，其中《真心》一篇则是此类"用情之真"山歌的代表性作品：

> 我是个痴心人，定要你说句真心话，我想你是真心的，又不知是真共假，你若果真心，我就死也无别话。你真心要真到底，不许你假真心，念头差。若有一毫不真心也，从前的都是假。

---

① 钟叔河编《周作人散文全集2》，桂林：广西师范大学出版社，2009年，第104页。
② 〔明〕冯梦龙编纂，刘瑞明注解《冯梦龙民歌集三种注解》（上册），北京：中华书局，2005年，第36页。
③ 同上书，第37页。

冯梦龙评价《真心》："痴心便是真心，不真不痴，不痴不真。"① 这句话高度概括了山歌中男女私情的真谛，他们热烈奔放的感情有时看来或许像放任身心的野合，但用情却十分认真，也注重感情中的忠诚和信义。他们会赌《咒》，会《自矢》，就是《妓馆》里的"路头妻"也要眼下的山盟海誓，哪怕是《不忘》里久经情场的老手，"明知你都是假"②，却还是身不由己地陷入爱情。他们义无反顾地投入情网，交出自己的一片真心，发乎情却不止乎礼。于是，那些为礼教所不容的私情偏偏有了一份难能可贵的真挚。

（二）真实的情欲

山歌的情真不只限于私情中代表忠实的真心，同时也是表达真实欲望的真心。比如《调情》两首：

娇滴滴玉人儿，我十分在意，恨不得一碗水，吞你在肚里，日日想，日日捱，终须不济。大着胆，上前亲个嘴，谢天谢地，他也不推辞。早知你不推辞也，何待今日方如此？

俊亲亲，奴爱你风情俏，动我心，遂我意，才与你相交，谁知你胆大，就是活强盗。不管好和歹，进门就搂抱着。撞见个人来，亲亲，教我怎么好。

冯梦龙点评这两首民歌"真"，认为其虽无奇思而贴近口语，"却是天地间自然之文"③。演唱者直视内心的真实感受，毫无害羞做作的忸怩姿态，也不口是心非地装假正经，把最率然纯粹的欲望赤裸裸地脱口而出。人的调情就如同自然界任何动物的求爱一样，直接纯朴，坦率真诚。民歌讲求实用性和高效性，民间也没有那么多礼教的束缚，所以民歌往往言必由衷、辞必达志。山歌中描写男女情爱的内容也相当直言不讳，用词摹状有时因过于直白而显得粗

---

① 〔明〕冯梦龙编纂，刘瑞明注解《冯梦龙民歌集三种注解》（上册），北京：中华书局，2005年，第38页。
② 同上书，第98页。
③ 同上书，第28页。

野俚俗，甚至是诲淫诲盗、有伤风化。在性爱的描写上充分正视人的欲望，不以道学的标准丑化人自身的天性，这其实是对人本身的尊重与欣赏。正如周作人在《猥亵论》里所言："假道学的所以不道德的地方，因为那种反抗实在即是意志薄弱易受诱惑的证据。"①过于敏感的反对与极端的禁欲主义反倒落入性欲的窠臼，"猥亵"之说本就是无中生有的悖论，民歌描写性的坦荡是对"真人"的还原。

（三）写真的人性

除了爱与性的欲望，冯梦龙采录的《山歌》《挂枝儿》对于那些君子不齿的负面情绪同样采取毫不掩饰的"写真"态度。山歌中有妒忌有嘲讽，有诅咒有相骂，内容豪放彪悍，情感真实可信，如《山歌》中对于丑妇、麻子、胖瘦等无端的揶揄和攻击，还有杂咏长歌《渔船妇打生人相骂》里语词刁钻的骂人经等。这类民歌从内容和主题而言实在算不得高尚，一部分山歌还有侮辱性的人身攻击的成分，倘换作荐绅学士的"戏作"，必定会在文中收敛人性的恶意，可乡民却是嬉笑怒骂，无所顾忌，对于道德伦常认知中的一些低级情绪勇于自我暴露和剖析，承认这些情感也是真心的组成部分。"句句真"的山歌无须经过"礼教"的加工就歌唱出来，这同样是抒发真挚情感的表现。

二、"真"的审美表达

冯梦龙所言之"真"，广义上也可以指山歌整体情形上的真实。这里的"真"还可以从内容、人物、音乐和形式的角度去考察，而辞真、人真、音真、形式真这些"真"的表现一起构成了尚"真"的特征。

（一）辞真

冯梦龙采录的山歌，其内容完全来自民间的日常生活，包括乡民的私情、劳作、娱乐等，歌咏的都是他们最熟悉不过的事物，这也是山歌贴近现实的地方。山歌中许多描写性交的内容大多通过隐喻来表现，而喻体通常是被席、摇船、食物这类乡民生活劳动中最

---

① 钟叔河编《周作人散文全集3》，桂林：广西师范大学出版社，2009年，第36页。

稀松平常的东西。其中运用次数最多的是摇船，其次是食物。

苏州是江南水乡，水路发达的特征使得当地渔业船运相当发达。船不光是许多人的出行工具和经济来源，对有些漂泊无依的人来说，还是他们赖以生存的居所，也有的妓院搭设在船上就成了妓船，苏州有"船上人"的说法正是由此而来。而女子自比为船更是一种文学传统，早在《诗经》中就有《柏舟》一诗，形象地表现女子无依无靠的处境。"船"的意象常指孤独流离及在江河中随波浮沉的渺小脆弱的状态，但又内含"泛若不系之舟"的对于自由的向往。把女子的身体比作船，有遮蔽收容的象征，也显示驾驭与被驾驭的关系，摇橹撑篙、掌舵挥梢一系列的动作含义被异化。此外，食物也是常见的喻体，比如馒头、馄饨、面、鱼、团脐蟹等，都是以食喻色，巧借口腹之欲表达情色之欲。这也体现出品尝与被品尝的关系，表现了肉体性欲的纯朴美好。这些食物并非珍馐，却是劳动者眼中最实在的美味。

同样，山歌中大量的咏物对象来自身边的日用品，诸如木梳、竹夫人、汤婆子、灯笼等，在朴实无华的事物上也能找到沟通人性的地方，以物自喻，抒发私情中的苦闷。山歌通常就眼前所见之景比兴也是辞真的一大表现，乡民的想象力一方面受到认知视野的限制，另一方面也会受即兴创作思维的影响。《自矢》中对情人发誓，冯梦龙评价"卓儿底下狗"这句"甚得古意"[①]，正是说山歌的内容并不会刻意设计或雕琢，而是看到什么、想到什么就表达出来，这也反映了山歌在创作源泉上循真的原则。

（二）人真

《挂枝儿》《山歌》中大部分作品都是女子口吻的第一人称视角，少量为男子视角、男女融合视角和第三人视角。民歌的篇幅较短，长歌也以念白为主，内容偏重抒情而少叙事。抒情对象多数以"姐"和"郎"代称，虽无详细背景交代，但情感浓烈，情境性极强。通俗质朴的表述富有个性，塑造出许多大胆奔放、有血有肉的

[①] 〔明〕冯梦龙编纂，刘瑞明注解《冯梦龙民歌集三种注解》（下册），北京：中华书局，2005年，第30页。

男女形象。民歌的主人公通常也并不"脸谱化",有强势的、仗义的、勇敢的、狡黠的女子形象,她们积极主动地追求爱情,常常在结识私情中起主导作用。女子也会毫不羞耻地表达欲望,这也显示出明中叶以后传统儒家理学在地方上影响力的逐渐式微。比如《偷》:"姐儿梳个头来漆碗能介光,莽人头里脚撩郎。当初只道郎偷姐,如今新泛头世界姐偷郎。"① 女子热情豪爽、反叛礼教的形象跃然纸上,这些形形色色的人物在活泼泼地展现他们的自然天性,是一个个"真"的人而不是被操控的道德木偶。

(三) 词语真

按照马克思的观点,语言是思想的直接现实,一套语言符号系统对应一套认知模式。语言真实是山歌情感真实的前提。山歌所用的语言是苏州地区的乡音方言,且很大程度上保留了口语化特征。由于有些吴语当中的特定词汇只有音而没有字,冯梦龙在记录这些山歌时为了保持原汁原味,用了许多借音字。他在《山歌》开篇就明白说"吴人歌吴""正不必如钦降文规,须行天下也"②。山歌的遣词造句显然合乎天然的语言习惯,带有鲜明的地方性和独特的音乐美。民歌本就是一种兼具表演形式的口头文学,且吴语的用词、发音都与官话存在一定区别,需要如实记录才不致失去民歌本身的美感。《艺苑卮言》云:"唯吴中人棹歌,虽俚字乡语,不能离俗,而得古风人遗意。"③ 冯梦龙重视声律,认为散曲"不协调,则歌必捩嗓"④。方言是吴歌的特点,音韵上四声八调,语音丰富,语法上多用"子""个"等助词舒缓停顿,符合山歌、棹歌等形式的节奏韵律。方言中还有特殊的语言形式,《挂枝儿》《山歌》中运用到大量谐音、双关、歇后语等俏皮话,这些隐语和谐谑产自劳动者的日常生活,展现出乡民的机智风趣,而默契的交流方式也体现了集体

---

① 〔明〕冯梦龙编纂,刘瑞明注解《冯梦龙民歌集三种注解》(下册),北京:中华书局,2005年,第366页。

② 同上书,第320页。

③ 〔明〕王世贞著,陆洁栋、周明初批注《艺苑卮言》,南京:凤凰出版社,2009年,第119页。

④ 〔明〕冯梦龙评选,俞为民点校《太霞新奏》,南京:江苏古籍出版社,1993年,第1页。

的民间审美观。

(四) 风俗真

冯梦龙在《山歌叙》中直言:山歌是"田夫野竖矢口寄兴之所为",这句话既反映了歌者的社会身份和文化地位,同时也表明了民歌最初作为"寄兴"的娱乐作用,"矢口"则点明了创作场域的随意性和创作门槛的低要求。

山歌常发生于生产劳动中,《思辨录辑要》中有言,"种田唱歌最妙,盖田众群聚,人多口杂,非闲话即互谑……惟歌声一发,则群嚣寂然,应节赴工,力齐事速"①,有号子式的聊慰与鼓舞作用。比如《两郎》:

> 同结个私情莫要争,过子黄昏还有五个更。忙月里踏犀我听你盘工看,两面糖锣各自荡。

这首山歌写的是女子与两个情人三角恋的矛盾,用的比喻是生活中摇船和踏水车的工作。陆世仪称"但歌辞淫秽,殊坏风俗,拟效吴歈体,撰歌辞数十首,一本人情,发挥风雅"②。其实不然,由于山歌发生的场域及其传播途径,还有其受众对此的心理预期都会决定民歌具有娱乐性质,所以它不会是严肃伪善的教化产物。山歌真实抒发人性情的特点,很大程度源自其无功利的创作形式,冯梦龙以为"但有假诗文,无假山歌,则以山歌不与诗文争名,故不屑假"③。民间歌谣不存在涉及利益的道德标准,也就没有弄虚作假的必要。

除此以外,山歌歌唱的形式往往与城乡间民俗节庆活动结合,表现为青年男女纵情欢唱的特征。冯梦龙曾居住在苏州葑门一带,他收集民歌也多受到当地风俗的影响。旧时,每当六月二十四荷花生日,葑门荷花荡有赏荷习俗。《随园诗话》有记:"葑门城门门绕

---

①② 〔明〕陆世仪著,王云五编《陆桴亭思辨录辑要》(二),北京:商务印书馆,1936年,第116页。

③ 〔明〕冯梦龙编纂,刘瑞明注解《冯梦龙民歌集三种注解》(下册),北京:中华书局,2005年,第317页。

湖，湖光一片白模糊。荷花生日年年去，若问荷花半朵无。"① 可见此盛会规模之大。《陶庵梦忆》记录："舟楫之胜以挤，鼓吹之胜以集，男女之胜以溷，歊暑燀烁，靡沸终日而已……袁石公曰：'其男女之杂，灿烂之景，不可名状。……闻歌则雷辊涛趋。'"② 反映出民歌具有纵情欢唱的社交娱乐作用，同时也真实呈现了唱山歌的风俗情景。

综上所述，冯梦龙编选民歌注重其"真"的审美价值，反映出鲜明的尚"真"文学审美观。《挂枝儿》《山歌》的"真"在于情真，而情真又借助辞真、人真、词语真、风俗真得以表达。民歌真实地抒发了民间最真挚的情感，其背后受诸多因素的影响。根据这些作品的内容、形象、语言和形式，也可以发掘出文字保留的民俗，作为历史研究的素材以便从民间的角度考察民众的社会心理。冯梦龙山歌采编中反映出的尚"真"的文学观，对于当代文学仍具有启示价值。

（作者为苏州大学文学院 2021 级硕士研究生）

---

① 〔清〕袁枚著，顾学颉校点《随园诗话》，北京：人民文学出版社，1982 年，第 247 页。
② 〔明〕张岱著，林邦钧注评《陶庵梦忆注评》，上海：上海古籍出版社，2014 年，第 21 页。

传承创新

借鉴冯梦龙村经验
高质量推进苏州乡村振兴

陈来生　卜福民

摘　要：苏州相城冯梦龙村通过顶层设计、错位发展，多业融合、资源整合，提炼优势、打造品牌，文化兴村、文明强村等四大举措，助力相城一二三产业融合发展，走出了一条独具特色的乡村振兴之路。冯梦龙村的经验对苏州贯彻实施中央一号文件、高质量推进苏州乡村振兴无疑具有启迪意义。

关键词：冯梦龙　乡村振兴　新农村

2月22日，2022年中央一号文件《中共中央 国务院关于做好2022年全面推进乡村振兴重点工作的意见》发布，文件要求牢牢守住保障国家粮食安全和不发生规模性返贫两条底线，突出年度性任务、针对性举措、实效性导向，充分发挥农村基层党组织领导作用，扎实有序做好乡村发展、乡村建设、乡村治理重点工作，推动乡村振兴取得新进展、农业农村现代化迈出新步伐。在乡村振兴的具体实践中，相城区黄埭镇以"冯梦龙故里"文化品牌为核心，厚植"大文化"产业发展理念，通过文化产业赋能乡村发展，助力相城一二三产业融合发展，走出了一条独具特色的乡村振兴之路。2019年1月，冯梦龙村正式被列入"全国农村一二三产业融合发展先导区"创建名单，是苏州唯一入选的创建点；2020年荣获"全国文明村"称号。冯梦龙村以下四条经验，对苏州贯彻实施中央一号文件、高质量推进苏州乡村振兴无疑具有启迪意义。

一、乡村振兴要善于顶层设计、错位发展

作为一个系统性工程，乡村振兴必须因地制宜、科学统筹，目标任务要符合实际，保障措施要可行有力，顺应村情民意，保障可持续发展。

（一）因地制宜，挖掘特色

新突破来自新思路。近些年，江苏在文旅发展的某些方面落后于浙江，因素固然很多，但缺乏创新发展的意识和勇气，乃是一个不容忽视的原因。乡村振兴也是如此。相城区慧眼独具、敢于创新，通过对"冯梦龙故里"的挖掘提炼，围绕着乡村景观—文化提炼—产业发展—品牌打造四个层面，从规划到建设，围绕冯梦龙文化的元素，全方位打造冯梦龙故里，走出了自己的特色发展之路，使冯梦龙村在众多乡村振兴项目中后来居上、脱颖而出。

（二）稳步推进，开拓推进

在高质量发展时代，每个乡村都有追求美好生活的梦想，但是，由于资源条件、区位条件和发展状况的差别，并非每个乡村都能采取同样的速度和同样的投资力度去实现发展，而是要根据不同情况，寻找符合自身发展阶段的解决方案。苏州具有文化特色的乡村不少，但是因为文化挖掘的不易、文化资源的争夺、办事过程的扯皮、品牌打造的艰辛，还需要具有认知、挖掘特色文化的眼光，传承、开发特色文化的魄力，凝聚、整合各方力量的人格魅力，破局、推进乡村振兴的恒久毅力，所以真正挖掘并打造出成功品牌的不多。冯梦龙村的实践经验表明，乡村振兴需要有一批有眼光、有能力、有恒心而且有情怀、有魄力的干部开拓领航。

二、乡村振兴要善于多业融合、资源整合

（一）资源整合，互相促进

要将项目建设与带动农民增收致富、推进城乡统筹相结合，与本地发展实现合作共赢，必须清醒意识到实现乡村振兴的关键和支撑是产业振兴。而产业振兴仅靠农业是不现实的，必须通过资源整合，农旅融合、文旅融合，整合冯梦龙书院、莫言书屋，休闲娱乐的垂钓野钓设施,各种风格的民宿体验,四季花海、黄桃翠梨、荷风清韵,寓教于乐的传统农耕文化园,空间舒朗、设施齐全的廉政教育中心等各种雅俗共赏的元素,把冯梦龙村打造成广大市民和游客喜爱的农文旅景区。一产上,大力探索高效农业致富的新路径,开展特色瓜果苗木、生态稻米种植,提供春季桃花观赏、夏季莲荷飘香、秋季果园采摘体验。猕猴桃园、黄桃园、葡萄园、杨梅园、梨园等 1000 多亩果园和大片莲花池、向日葵田,三季有果,四季飘香,使冯梦龙村成为江苏省特色田园乡村。二产上,水果加工、水果酒酿制均取得成效。黄埭特色产业非遗基地的生产性开发,既是鲜明的文化标识,又是独特的地方产业。三产上,随着景观小品、慢行系统、康养系统、文旅设施的建设和完善,逐步加大对村民及外来资本前来开设农家乐、民宿的引导,有的村民将房屋出租开办民宿,也有的自己创业,不出家门就能就地就近实现就业,不出村子各类水果就能销售一空。

(二)农旅融合,民生共享

要在诸多乡村景区中别具特色、增加市场黏性,乡村旅游作为一个综合性、带动性很强的产业,是乡村振兴的枢纽产业和关键环节,在乡村振兴战略中有着极其重要的作用。发展旅游既可以民生共享,满足人民日益增长的美好生活需要,又可以促进农村一二三产业融合,同时还有助于进一步推进环境建设、提升乡风文明、构建有效管理组织,是实现产业兴旺、加快农业农村发展的最有效途径。以旅兴农,可以促进产业结构调整,延伸产业链条,带动农副产品和手工艺品加工等相关产业发展,增加农民就业机会和收入,新增一批农民创业者,推进旅游扶贫。冯梦龙村的农文旅融合,为村民有效提供了创业、就业、致富机会。2021 年首届冯梦龙中秋灯会成功举办,亮灯仪式当天游客突破 4 万人次,国庆期间日均人流量突破 2.5 万人。冯梦龙村的成功经验表明,大力发展乡村旅游,是下一个对接时代潮流、满足旅游消费的必然选择,也是拉动经济发展和优化产业结构,保护乡村生态环境,推进人与自然和谐共处的重要举措。

三、乡村振兴要善于提炼优势、打造品牌

冯梦龙村的理念是，要做就要做得最好、最有特色，以优质打造口碑，以特色集聚人气。

（一）突出比较优势，挖掘塑造自有品牌——冯梦龙特色文化品牌

在乡村振兴过程中，最重要也最难的是比较优势和特色品牌的提炼。只有这个做好了，才可能真正做到"一村一品""一县一业"。冯梦龙村抓住"冯梦龙"这一具有核心吸引力的特色文化 IP，赋能文化传承、乡风文明、廉政教育、党建教育等各项工作，实现了生产、生活与生态的共生，社会效益、经济效益与生态效益的多赢，将一个默默无闻的小村庄打造成实施乡村振兴战略、推动农业农村高质量发展的样板。

冯梦龙是难得的文化奇人、廉政伟人和吏治达人，多次获习近平总书记点赞。习近平总书记多次强调要加强梳理、传承优秀传统文化资源，努力实现其创造性转化、创新性发展，并在多个场合赞扬冯梦龙的勤政为民，多次引用他的名言警句。苏州作为冯梦龙的故乡，自当充分传承和利用好这一独特的优势文化资源，打造冯梦龙特色文化品牌，推进江南文化建设和乡村振兴。相城区高度重视、充分挖掘和用好冯梦龙这张特有名片，传承和塑造冯梦龙文化品牌，滋养美好乡风，推进乡村振兴，不断提升其影响力和辐射力，让优秀的冯梦龙文化为今日的乡村振兴服务。

（二）全面梳理和研究冯梦龙文化资源，完善、提升冯梦龙特色品牌

相城区在已有冯梦龙故居的基础上，相继建设冯梦龙纪念馆、冯梦龙书院、冯梦龙书场、四知堂、德本堂、新言堂、卖油郎油坊、冯梦龙山歌文化馆等一批公共文化设施，完善和强化"梦龙新言""梦龙新居""梦龙廉韵"等鲜明的冯梦龙文化标识。冯梦龙书院汇集国内所有关于冯梦龙的书籍和研究资料，并通过开设文化讲座、雕版印刷体验等文化服务，丰富书院文化内涵；挖掘冯梦龙《醒世恒言》中的名篇《卖油郎独占花魁》故事建成卖油郎油坊，由专业

人员现榨菜籽油,通过游客体验与购买的方式,实现一产向三产的延伸;在广笑府还原冯梦龙《笑府》《广笑府》中符合社会主义核心价值观的笑话故事,让人们在观看文化演出的同时得到教育、熏陶;在山歌酒馆内融入冯梦龙山歌文化、评弹等元素,配合冯梦龙书籍中的精华片段;建成规模较大的冯梦龙廉政文化培训中心,成为干部教育培训现场教学点,开通国内首条"水上廉政"教育线路,打造成为长三角区域廉政建设工作的重要阵地。所拍电影《冯梦龙传奇》获得国家大奖,宣传和凸显了冯梦龙品牌,扩大了冯梦龙村的知名度和影响力,推进了冯梦龙村的乡村振兴。

四、乡村振兴要善于文化兴村、文明强村

在美丽乡村的建设中,要善于文化兴村,打造文明乡风,造就宜居宜业的环境,推进乡村振兴的可持续发展。冯梦龙村在做好产业兴旺的同时,将生产、农村生态和农民生活作为一个有机整体来抓,将美化乡村环境、提升村容村貌作为留住乡村的"根",将传承特色优秀文化作为守住乡村的"魂",强化冯梦龙文化的教化功能,与精神文明建设相融合,充分挖掘其中与社会主义核心价值观相符的内容,惩恶劝善,倡导正能量。为进一步保护、挖掘、弘扬冯梦龙文化,冯梦龙村围绕农村生态,对村庄逐步进行整治提升,打造江南农耕田园生活环境。在文化场馆和文艺队伍建设上,成立冯梦龙山歌队,常态化举办冯梦龙乡村大舞台活动;开设梦龙书场,创作了《冯梦龙》(评弹)《冯梦龙山歌》《三言颂》《礼颂三言》等一批精品文艺作品;征集家规家训,评选家规家训方面的家庭文明户,倡导村民做"冯梦龙笔下的十种人";制定村规民约,开设梦龙文明银行,邀请老党员、村民代表、企业家代表、退休老教师等组成理事小组,鼓励村民养成良好的生活习惯;打造以治村明言、富村通言、美村恒言为核心的"梦龙新言"党建品牌。

当然,随着现代化交通的高速发展,便利的旅游出行成为重要的诉求,相城区不但要破解交通的瓶颈问题,更要在"主题化、专线化、景观化"方面满足旅游者的新诉求。冯梦龙村目前就面临着道路交通方面的瓶颈,尤其是节假日和赏花、赏月、尝果等大型活

动期间，屡屡出现拥堵不堪的状况。而要解决这一问题，离不开政府的协调和引导。

（作者陈来生系石湖智库研究员、苏州专家咨询团成员；卜福民系苏州旅游与财经高等职业学校教授、苏州专家咨询团成员）

挖掘梦龙作品内涵　做靓江南运河文化

戴庭忠

摘　要：作为江南市井文化的鼻祖，明代通俗小说之父冯梦龙的作品展现了社会转型期的社会风貌。我们今天探讨冯梦龙的作品及由此产生的文化意义，与作为整个国家战略层面的运河文化进行关联，本身就是一个非常重要的选题。这是对作为苏州区域文化特质被反复提及的江南文化的追根溯源，体现了为中国的文化自信寻找根基依据的文化自觉和担当。作为近年来备受关注的冯梦龙村，可进一步做好"名人故里、文化兴村"文章，在全面建成小康社会进程中，探索形成一条以文化建设引领乡村振兴的特色发展之路。

关键词：冯梦龙　通俗小说　运河文化

苏州市相城区是京杭大运河流经吴地的第一站，也是被誉为"中国通俗小说之父"的冯梦龙的故里。正是运河文化带来的经济商贸的流通，人们生产生活的变迁，以及信息的交融和市井社会对文化的诉求，催生出了冯梦龙这样的通俗小说大家。而那些老百姓喜闻乐见的市井故事、世态人情，又经过运河而口口相传，甚至传播海外。从某种程度上说，冯梦龙的作品是运河文化的江南表达，历久弥新。

一、提炼冯梦龙运河文化的江南气质

作为一个特定历史时期运河文化的江南呈现，冯梦龙的小说、戏曲等作品可以说是一座富饶的宝藏，值得我们好好挖掘。

（一）以"运河文化之江南要义"为题进行再研讨

随着运河的开凿，明朝末年资本主义急速萌芽，南北文化深度交融，促进了社会文明的进步和发展。冯梦龙的小说集中体现了社会转型期人们的义利抉择、行为方式、价值判断、美丑善恶、因果报应等。《蒋兴哥重会珍珠衫》《杜十娘怒沉百宝箱》等作品都具有重读的意义。《卖油郎独占花魁》则强调个人奋斗和手艺的重要性，所谓"荒年饿不死手艺人"，可以看出，江南既崇文重教，亦重工重农，这对于苏州工匠精神的研究意义非凡。当前，长三角一体化已成为必然之势，文化协同亦势在必行。可成立"冯梦龙运河文化之江南要义"课题组，邀请冯梦龙作品中涉及的相关重镇结成联盟，不定期举办论坛，促进文化的交融、互通，并进行各地文化核心产品的展示、展销，激发思想涟漪，打造集聚效应。继续做大做强每年的文化旅游节，选择更为精准的主题进行研讨，为苏州"最江南"贡献学理支撑。成立冯梦龙数字博物馆，将冯梦龙作品和文化研究全网展示，"一网打尽"。用活梦龙书院等载体，继续征集冯梦龙作品珍稀版本、研究资料及著名书画家书画作品；结合乡村振兴，打造冯梦龙乡村学堂，争取有关社科院及知名大学研究基地授牌，不定期围绕新农村建设、文旅融合发展等主题进行学术沙龙讲座，力争出经验，出典型，提升影响力。

（二）以"运河文化之江南表达"为题进行再创作

冯梦龙由于长期生活在民间，留下了大量体现乡土人文特色的山歌作品，可以组织当地会唱山歌的老人组成冯梦龙山歌剧团，通过原生态的表演把冯梦龙的作品呈现给游客。同时可与区域内的阳澄渔歌及苏州市的各大民歌社团进行合作，改编、再创造、再生产，每年进行专场汇报演出，并可邀请重量级专家点评，媒体报道，扩大影响。做好"互联网＋"文章，可拍摄相关抖音作品等，加大传播力度；电影《冯梦龙传奇》放映后反响很好，亦可借鉴其运作模式和经验，并争取更大的市场化运作，进行经典剧本的本土化拍摄。

（三）以"运河文化之江南之魂"为题进行再构造

苏州不仅是文化的高原，某些方面更是文化的高峰。可借助全市力量，将冯梦龙作品中的经典人物、场景、片段等，进行多种文化样式的再呈现，结合网络经济、网红经济进行再传播。苏州作为通俗小说的发源地，通俗小说的创作一直保持着良好的势头，从鸳鸳蝴蝶派到当今苏州通俗小说创作的中坚力量，这些显然非常值得引流到冯梦龙村，进行专业化的创作和生产。在此基础上，利用苏州高铁新城扩容的独特地理优势，在条件成熟时可以引入国内一流顶尖的小说大家、戏曲大家在这里集聚。前几年举办的"'新三言'全国短篇小说征文大赛"是一个非常好的选题，亦可进行赓续传承，为时代留影。

二、酝酿冯梦龙运河文化的苏式味道

"东方水城看苏州，苏州水城看相城"，这是相城区建区五周年时的宣传语，现在看来依然魅力四射。笔者以为，"最江南"的苏州之最，一直体现在两个方面：一是以苏州园林为代表的精致典雅的文化，二是以江南水乡为代表的世俗文化。而某种程度上，后一种文化更为人们所亲近，并历久弥新，所谓日常而不平常，简约而不简单。就像大写的"蘇"字所体现的那样，水文化和稻作文化一起构成了苏式文化的根基。

（一）让梦龙之水流起来

冯梦龙的很多作品都与运河水有关。要抓住这个核心和灵魂，做足文章。冯梦龙村有非常美的河道，乌篷船上书梦龙警句荡漾其间，无论是从观光还是从文化传承来看，感觉都非常好。可进一步沟通水网水系，做到精细化、景观化、精品化。建立多元化的生态驳岸，建设主体化的生态片区，使驳岸更为生动、有趣，更有故事性，有说头、有看头。尝试沟通区域内的水系，探索从江南水乡到京杭大运动的可行通道，并将之命名为冯梦龙航道，延长故事链条和生态休闲链条。坚持"走出去"策略，加强与苏州运河带甚至是所有故事发生地的沟通，与"一带、两心、四镇、八园、多点"的布局核心点位加强合作，以故事连环雕塑等形式，扩大影响。譬如可在故事发生地枫桥设置《蒋兴哥重会珍珠衫》的塑像，在吴江设置《施润泽滩阙遇友》的塑像，等等。

（二）让明式乡愁聚起来

利用冯梦龙村粉墙黛瓦的江南水乡风貌，以散落的星星的形态，重建数座明朝江南小院落，将冯梦龙小说中的经典场景、生活片段、营生行当等掩映其中，还原当年一个个市民化的生活场景。可开发冯梦龙系列江南菜肴，进行明式服装路演等活动，从吃、衣、住、行等各个方面，全方位营造明式生活，体现明式慢生活。与黄埭老街的打造相结合，并可与区域内的电影拍摄基地合作，打造冯梦龙一条街，引入各类手作、非遗，设置活态传承的乡愁馆，在此基础上，开发各类苏作、苏样、苏意文创产品，让冯梦龙村以至整个黄埭镇成为运河文化江南段明式生活的不二代言。

（三）让乡村建设动起来

习近平总书记在徐州市贾汪区潘安湖街道马庄村调研时，提出马庄有"三宝"：乐团、香包、婆媳好。现在的马庄人积极、向上、乐观，人人都有一股干劲。其实，乡村振兴，不仅要产业兴旺，更要乡风文明、治理有效。因此，现在的乡村建设一定是村民参与其中的全民建设。冯梦龙村的建设同样离不开村民的参与，要做好整个村庄的打造及村容村貌的整体改善工作，进行精细化管理；可配套开发养老服务、休闲、儿童娱乐等三大功能相结合的趣味性场景；要重视精神文明建设，提高村民整体素质及参与度和美誉度。对应冯梦龙治国齐家的名言警句，评选梦龙人家，弘扬梦龙新风，提炼新时代梦龙精神。可因地制宜，打造特色民俗活动，让冯梦龙村成为城乡一体联动发展的典范，成为有江南特色、苏州之意的乡村振兴的典范，并最终成为诗意栖居的典范。

三、插上冯梦龙运河文化的文旅之翼

大运河永远奔流，运河文化遗产也永远是活态传承的遗产。冯梦龙文化本身就不是束之于高阁的书斋文化，它来自民间，要还原民间，进行"大众"表达，方有生机活力。在开发过程中，一定要分层、分类、分步实施引导。在已有成果的基础上，重点抓住廉政教育、亲子教育、时尚文化等形式，进行最广泛的传播，提升文旅融合的品位和档次，形成良性互动发展。

（一）廉政文化游

继续做好廉政文化旅游，开发水上课堂系列课程，将冯梦龙的廉政思想、廉政实践与广大党员干部的初心使命结合起来，进行传

播，扩大影响。如《喻世明言》第二卷《陈御史巧勘金钗钿》中的陈御史、《醒世恒言》第二十九卷《卢太学诗酒傲王侯》中的陆知县，他们爱民如子、断案如神、礼贤下士、大公无私，其精神至今仍有现实意义。充分利用好"无讼"文化，与现代法治社会、基层社会治理相结合，加强相关研究。可提炼很多经典案例的精华，比如《断牛案》等，改变单一传统的授课模式，吸引学员参与其间，将传统的民间司法智慧运用到现代社会治理中。

（二）亲子文本游

冯梦龙村自然条件优越，四季有花，三季有果，翠冠梨和猕猴桃等拳头产品不但有非常好的美誉度和市场认可度，而且有叫得响的商标——"挂枝儿"（"挂枝儿"是民间曲调名，也是冯梦龙搜集、编撰的一部山歌集名，寓意水果成熟挂满枝头）。要充分利用好这些自然条件，利用好先后建成的喜宜、喜溪民宿资源，在采摘游的基础上，进行更为精准的市场定位。结合苏作文化、农耕文明，利用苏州校外实践基地的牌子，与本地中小学对接，开发特色校本课程。结合"双减"政策，将孩子吸引到田间地头，到农事学堂学习，到田间地头认养果树，并进行故事的模仿、改写、创作等。加强与区域内的度假区（阳澄湖镇）、稻香小镇联动开发，形成在冯梦龙村学习，在度假区（阳澄湖镇）、望亭镇等互动体验的生动局面。

（三）时尚沉浸游

2021年初，由爱奇艺和乌镇联合打造的真人秀系列节目《戏剧新生活》火了，8位戏剧人和众多明星嘉宾齐聚乌镇剧场，呈现出一场场"戏剧狂欢"。而至今已举办八届的乌镇戏剧节，以拥有1300年历史的乌镇为舞台，邀全球戏剧爱好者和生活梦想家来到乌镇体验心灵的狂欢。冯梦龙的很多戏曲都极具舞台效果，深得人们喜爱。可以举办"江南即兴"梦龙戏剧节，进行小剧场戏剧、脱口秀、默剧、即兴表演等多形式的舞台演出，引领最新文化时尚消费；用新手段、新方式推出优秀原创戏剧，同时为观众奉上一道文化大餐，让戏剧节呈现文化多样性、苏州的包容性。下一步，可学习一些网红的成功经验，培养本地网红代言冯梦龙村及梦龙文化，将传统文化年轻化、时尚化、区域化以及去区域化，使梦龙村成为越苏州、越世界的江南文化想象之福地。

参考文献

[1]〔明〕冯梦龙《喻世明言》，长春：吉林文史出版社，2017年。

[2]〔明〕冯梦龙《警世通言》，长春：吉林文史出版社，2017年。

[3]〔明〕冯梦龙《醒世恒言》，长春：吉林文史出版社，2017年。

[4]李想《略论"三言二拍"所蕴涵的运河文化》，《淮阴工学院学报》（哲学社会科学版）2012年第6期。

[5]赵维平《"三言二拍"运河商贾文化探析》，《淮阴师范学院学报》（哲学社会科学版）2006年第2期。

（作者为兴化市纪委监委宣教室副主任）

编 后 记

　　冯梦龙身上有许多标签，如小说家、戏曲家、民间文学家、编辑出版家、教育家、县令、反清义士、智者等，说明他是一个自带属性、内涵丰富的文化符号，具有丰富的文化蕴藏。过去，对他的研究较偏重于"文学家的冯梦龙"，而冯梦龙的其他"面纱"还没有充分揭开，而这个"冯梦龙"同样具有很大的学术含量、现实意义和当代价值，也需要作全面深入的发掘研究。

　　本书的研究性文章在前述问题上似有所突破。一方面，我们集中编排了一组有关冯梦龙文学与大运河研讨会的论文，多位专家从冯梦龙文学与大运河文化关系的角度，深入挖掘和探讨了冯梦龙"运河文学"的历史价值，同时也体现出让"冯学"为苏州打造"运河文化"品牌增光添彩的现实意义。另一方面，我们也力图更好地梳理和研究冯梦龙文化资源，努力做到三个结合：作家身份的研究与其他身份的研究相结合，经典作品研究与历史文化研究相结合，社会政治研究与当代传承创新研究相结合，以期更全面地开掘"冯学"多方面的精神内涵和时代价值，做好做大"苏州冯梦龙"文章，让优秀的冯梦龙文化"活"起来。

编　者

2022 年 6 月 30 日